授業学

社会システムとしてみる「体育授業」と「指導案」

松岡重信
Shigenobu Matsuoka

溪水社

まえがき

　本書のテーマ「授業学」は、筆者が広島大学教育学研究科で担当してきた講義の総まとめである。学部では２年時に行った授業で、名前は少し異なるが大学院のＭ１生「スポーツ教育学特講」でも、発展させながら行った授業の中身でもある。
　広島大学における体育教育学の大学院講座では、初代の教授萩原　仁先生の時代から「システム論」・「情報理論」のような考え方が主流であった。そして、その思想や思考方法に加えて、社会学的な手法を加味して、２代目の佐藤　裕先生に引き継がれていた。当時、フォン・ベルタランフィーの『一般システム論―その基礎・発展・応用―（長野敬、他訳、みすず書房、1973）』が、研究室のバイブルのようになっていたと記憶している。人体はむろんのこと、身体の運動や動作をみることも、そして体育授業をみることも、カリキュラムを考えることもシステム論で……というような感じであった。如何せん、ほとんど理解できないていなかった筆者には、冷や汗の出るような院生時代があった。筆者は、学部を卒業して一度は中学校の教員になっていた経験があった。もしかすると……それが、理論的理解を妨げていたような気もする。それでいて、「システム（化）論」という理論は、ず〜と気になる論理として頭に残っていた。そして、幸か不幸か、全く偶然にN.ルーマンの『社会システム論（上下巻：佐藤勉監訳、1993）』が目についた。これを読むには読んだが、これが……また日本語訳でも簡単には理解できない状態であった。気になること甚だしく、関連する文献を芋づる式にあげてみた。そして、その結果自分なりに気になる鍵概念を意識するようになっていた。「全体性」・「自己組織化」や「フラクタル」・「アトラクタル」等の社会システム論を構成する鍵概念と、一方に複雑系理論を形作る「ガラクタ性」等の鍵概念とともに「全体―部分関係」のような「関係性」そのものを検討すること求められていることに気づくよう

i

になっていた。そして、1つの意識しておくべき言葉として、「**すべてはすべてに関係して、複雑な全体を要素に還元せず、生物有機体とのアナロジーで社会システムを描こうとした**」のが「社会システム論」であるようだ……と、理解するようになっていた。こうした発想で社会や歴史や学校を描くと、どういう図が描けるのか、体育という教科やカリキュラムや授業をどのように描くことになるのか。それも、それらのベースに人間という存在が……というより人間達が織りなす「社会的行動」がある。あるいは、各人の成長・発達という時空的変化があり、その彼らの立場によって身につける能力があり、対人行動の質も大きく異なってくる。そして、それらはかなり複雑で、かつ、微妙であり、その関係性は揺らぐものでもある。

　この人間の揺らぎや成長は、文章を書くに際しても、技術史を描くにしても、授業を問題にするにしても、上記の「すべて」を形成するものが関与する。そして、それぞれが「系」をなしているという理解も成立する。それらは、「因果関係」に留まらない「関係性」をもって、モノや事が関与し成立しているとみなせる。教育に関連する諸々はどのように存在して、どのように影響し合って、どのように変化していくのかを記述する必要性が課題として残っている。

　また、表題につけた「学習指導案」の問題も、ほとんど研究の対象になってこなかった歴史がある。それは、指導案の形式・記述の内容の問題もあって「学習指導案」にも視点を当ててみたいと考えるようになっていた。この関連では、かって院生の頃、直接「集中講義」で指導を受けた故吉本　均先生の著作や言説は、基本的には「現代教授学」であるが、「教育方法学」の範疇に入る。吉本先生の言説や対話は理解しやすいと言うより、これこそが社会システム論に類似した概念枠や思想性をもっていると思うようになっていた。

　もう20年以上も前のある日に、郷里の姫路から福山への国道2号線で、自動車の運転をしながら、ぼそぼそと何かを考えていた事に、「あっ」と何かひらめくことがあった。これでつながったと……バラバラであった思

考の中心柱が繋がりをもったと、飛び上がる程嬉しいことがあった。しかし、約60分のちの運転を終わる時には……また、元の黙阿弥……で、その思いは消えていた。何もかも辻褄の合わない情けないバラバラ状態に戻っていた。今その幾つかを反芻しながら、記述の精度を高めたいと思う。さしたる時に、「～すれば」という「仮説」が成立する可能性を感じるようになっている。この図書の前半（Ⅰ部）はこの事の思考錯誤の軌跡でもある。まだまだ、未完成であるが……。

また、約20数年前は、われわれの大学（福山キャンパス）が、何やら怪しげな西条（東広島市）と呼ばれる、街とも田舎ともつかぬ地に移転した時である。この地はもともと葡萄畑であったという。点在する赤松の林にはマッタケがとれるという（現実にマッタケをとったという友人もいる）。この頃から、広島大学の教育学部の組織的なもの事の決め方にも、寄せ集め部隊であっただけに違和感を感じることが多かった。また、身辺に全く未経験のお誘いを受けることもあった。その１つが、インド・ネパール・バングラデッシュの３ヶ国を訪問する機会を得たことであった。この時の、中山教授（現広島経済大学）との調査旅行は、強烈なインパクトをうけるものであった。相前後して、広島大学を会場にしたユネスコ関連の「APEID事業（Asia-Pacific Region）」や「識字教材開発プロジェクト」で知った海外の研究者達を頼りに、ネパールにブータン・チベットにと動いた。

特に、ネパールは訪問するたびに知る「貧しさ」があり、政治の混迷と経済の貧困が続いている。そして、一方にネパールでもブータンでも、子ども達の「輝き」のようなものを感じた。子ども達の「目が輝いている」等という表現は、およそ非科学的かもしれないが、まさにそうなのである。

そして、筆者の手元に一冊の写真集（『戦後の山村 ―学校医のまなざし―』、近藤祐一、日本経済評論社、1998）がある。この写真集は、見事なほどに昭和30年前後の秩父の村の生活や子ども達の表情を描き出している。この風景は、筆者らの子ども時代をみる想いがある。それとともに、この

iii

写真集は、ネパールの農村部の今を重ねて観ることが可能である。父親とともに、牛の餌の草束を担ぐ少年は、少年の年齢は、……12～3才だろうか。小さな子どもをお守りする少女も10才くらいか……貧しいが故にか、日本ではことさらに強調する「助け合い・協力」等ということが、極自然に地についたものとして観察できる。この国の人々は助け合うとか、力を合わせるとかがなければ生きていけない……そういう厳しさがある。助け合うなどは美徳でも教育の効果でも何でもなく、極日常の当たり前の行為なのである。

　一方、日本はといえば、ものの15年ほど前には、「国民の80％が中流である」と言っていた経済的に「豊かな国」であった。確かに今の状況は「格差社会」と表現されるように「雇用形態格差」や「医療格差」・「学力格差」等であったりする。また働いても十分に飯が喰えない「ワーキング・プア」などの問題をはらみながら、それらはアメリカやヨーロッパの状況と比較すると、全く人々が喰えない時代ではないとも指摘される。それでも、今は、「貧しさ」という対概念をおきたくなるほどのギャップも感じるようになっている。

　まだまだ、筆者の知る海外など、たかだか知れたものである。けれども筆者にとっては得難い旅のチャンスであった。この機会に感謝したいと思っている。都合ネパールには14回、ブータンに３回、チベットや中国に１回訪れたことになる。どの国・どの地域も対外的には何らかの問題をかかえている。

　今回、これらの仕事を二部編成で出版したいと考え、渓水社にチャンスがあればと投稿させて頂いた。木村さまはじめ皆様にはお手数をかけるばかりであった。原稿は遅く……出版は早くと……無理難題に応えて頂けた。これも１つの貴重な体験として感謝しつつ筆をおきたい。

2009年11月30日

　　　　　　　　　　　広島大学　教育学研究科 B 棟309研究室にて

　　　　　　　　　　　　　　　　　　　　　　松岡　重信

目　次

まえがき ……………………………………………………… i

＜序論＞
第Ⅰ章　体育の「授業評価研究」を語ると ……………… 2
　第1節　問題にしたい事　2
　第2節　教育と評価　4
　第3節　体育授業の評価　8
　第4節　教育の世界の目標・目的・評価　10
　第5節　目標の「所有性・人称性」　12
　第6節　体育授業にかかわる「全体像」と「物差し」としての評価法　14
　第7節　人間の生活の全体　16
　第8節　体育科の授業評価を巡る問題　18
　第9節　授業を対象にした研究のあり様　23
　第10節　授業のアセスメント評価は成立するか　24
　第11節　「授業評価」の情報の使い方　25
　第12節　まとめてみると　27
　　文　献　28

第Ⅱ章　問題こそが問題だ……！ ………………………… 30
　第1節　出発点と問題の範囲の概略　30
　第2節　社会システムという世界の眺め方　32
　第3節　学校体育や学校スポーツの研究にかかわって　35
　第4節　手間・空間・仲間・時間の4間とスポーツ　36
　第5節　問わねばならない子ども達の学校生活　38
　第6節　「正当性の訴え」と「言い訳……懺悔」の連鎖　41
　第7節　スポーツ界の「常識」と「非常識」　43
　第8節　教育の世界・体育の世界　44
　　文　献　46

＜本論　第Ⅰ部＞
第Ⅲ章　社会システムとしてみる体育授業 ………… 48
第1節　はじめの問題意識　48
第2節　社会システム論の示唆と適用　49
第3節　ここでの目的と議論の仕方　51
第4節　学校教育の記述研究　55
　　第1項　日本の学校教育システムの記述　55
　　第2項　教育による格差の再生産　58
第5節　体育授業における諸関係の記述　60
　文　献　64

第Ⅳ章　体育科教育における「運動単位」と「学習指導案」… 66
第1節　学習指導案≒実践仮説という発想　66
第2節　「運動単位」を考える前提理解　69
第3節　「運動単位」の提案　72
第4節　授業の実験／授業の予測研究　74
　　第1項　運動学習と運動教育　74
　　第2項　体育授業での運動学習　75
　　第3項　社会的実験としての「実践仮説」の検証　77
第5節　学習指導案の理論的把握　79
第6節　学習指導案の構成　81
第7節　終わりに　83
　文　献　83

第Ⅴ章　いくつかの実践例と考え方 ………… 85
第1節　バレーボールの初心者指導　85
　　第1項　どう考えるか、バレーボールの指導　85
　　第2項　どれくらいが限界なのか……　88
　　第3項　バレーボール・コートをバドミントン・コートに変換し
　　　　　ボールの選択の意味　91
第2節　水泳指導の場合　92

第1項　フラクタルの形成　92
　　　第2項　グライド・バタフライの局面運動　95
　第3節　「愛のテニス」と「殺し合いのテニス」　96
　第4節　人間の運動の見直しと体育授業　98
　第5節　本当の要素は何？　99
　　文　献　101

第Ⅵ章　教科の教育は如何なる関係性を……　102
　第1節　はじめに　102
　第2節　学校教育システムの「内」と「外」とフラクタル　104
　第3節　社会システムとしての教科活動　108
　第4節　日本型スポーツシステムと体育科　110
　第5節　そこでの提言　112
　　文　献　114

第Ⅶ章　日本の生涯スポーツ構想に関するシステム論的考察　115
　第1節　はじめに問題と思うこと　115
　第2節　研究対象とシステム観　117
　　　第1項　研究対象としての社会や家族・組織　117
　　　第2項　「全体―部分」関係と多重性　118
　　　第3項　生きている「システム」と「環境」　119
　第3節　「システム」と「環境」と幾つかの概念　120
　　　第1項　時間と場と役割　120
　　　第2項　フラクターとアトラクター・ガラクタ性　121
　第4節　経験や学習に例えて言えば　123
　第5節　体育授業の記述　124
　　　第1項　対人接触行動（相互作用行為）　124
　　　第2項　体育授業での「系」　126
　　　第3項　教科と授業の目的を論じる　128
　第6節　生涯スポーツ社会への構想　130
　　　第1項　二極化社会にみる子ども達・大人達　130

vii

第2項　「生涯スポーツ社会」構想を語る　131
　　　第3項　学校開放事業のヴァージョン・アップ　131
　　第7節　ここでの結論　135
　　文　献　137

第Ⅷ章　教育職能の形成と高度化に関する議論 ……… 138
　　第1節　この調査の経緯と目的　138
　　第2節　海外調査の日程と訪問先　141
　　第3節　ネパールの社会事情と教育状況　142
　　　第1項　ネパールの20年小史　142
　　　第2項　ネパールの学校教育の状況　143
　　　第3項　ネパール（カトマンズ）の生活状況　145
　　　第4項　ネパールの学校制度と教員養成　146
　　第4節　ブータンの教育と教員養成　147
　　　第1項　ブータンという国　147
　　　第2項　ブータンの教育　148
　　　第3項　体育授業と学校体制　149
　　　第4項　No-problem 国家；ブータン　150
　　　第5項　GNH という考え方　152
　　第5節　チベットの教育　153
　　　第1項　チベット史の概観　153
　　　第2項　チベットの教育状況　154
　　第6節　三ヶ国の教育状況の記述　156
　　　第1項　教育制度の整理　156
　　　第2項　各国の生活関連・教育関連情報の整理　157
　　　第3項　人々の命の終焉と儀式　158
　　第7章　調査のまとめ　159
　　文　献　160

viii

＜本論　第Ⅱ部＞
第Ⅸ章　途上国（Nepal）の教育・体育教育　………… 164
第1節　はじめに　164
第2節　ネパールの政治情勢の変化　168
　　第1項　マオイスト運動の影響　168
　　第2項　民主化と民主化以降の政治状況　170
　　第3項　経済情勢の変化　171
第3節　教育情勢の変化　173
第4節　ネパールをまとめていえば　176
　　　　（経済的に豊になることで、何を得て何をなくしたか）
文　献　178

第Ⅹ章　ネパールの教育支援の効果について　………… 180
第1節　はじめに　180
第2節　NGO 東広島ユネスコ協会の支援活動の概略　182
第3節　10年プロジェクトの追加事業内容と評価　184
第4節　モデル校の生徒数の変化から　186
第5節　地域支援や学校支援と「自立」への課題　187
第6節　NGO 支援活動にかかわる懸念材料　189
第7節　まとめ　190
文　献　191

第Ⅺ章　ブータンの体育教育と教員養成システム　…… 193
第1節　ブータンを訪問して　193
　　第1項　背景と問題の所在　193
　　第2項　ブータン王国の素描　194
第2節　ブータンの教育制度および教員養成制度　196
　　第1項　ブータンの教育の概要　―ことばは英語―　196
　　第2項　ブータンの学校制度　197
　　第3項　ブータンの体育科教育と体育科教員養成　199
　　第4項　ブータン（パロ）における体育議論　200

ix

第3節　ブータンの国民性と教育　203
　　第1項　GNP・GDPに代わる価値観　203
　　第2項　教育と宗教　205
第4節　まとめ　206
　文　献　207

＜結論＞
第XII章　終わりに　………………………………………… 209
　第1項　意識をどうつなぐ？　209
　　　　・世界との違い
　　　　・日本の社会・学校問題の深刻さ
　　　　・子どもだけの問題か？
　　　　・日本人の道徳心
　　　　・日本人の宗教観
　第2項　あとがき　211
　　　　・時を刻みて
　　　　・この書のキーワードから

授業学

―社会システムとしてみる「体育授業」と「指導案」―

<序論>

第Ⅰ章　体育の「授業評価研究」を語ると

第1節　問題にしたい事

　われわれが日々に直面する社会現象や社会問題は、つい気にもとめないもの、少し気になるがやり過ごすもの、気になって仕方のないもの……と、色々ある。が、この際筆者にとって、どこまでも気がかりなものとして標記のテーマ体育の「授業評価研究」を設定した。それは、世をあげて「評価」だ、「目標」だ、あるいは「効果・効率」だと言う社会的風潮が異常なまでに膨らんで形成されてしまっていることが問題の背景にある。この事の中身のとらえ方が、今はむろんの事、将来においても大きな問題になるという予感がある。それは今更に、経営学の「いろは」のごとくに、何が何でも「計画をたてて（Plan）―実行して（Do）―評価して目標が達成されているかどうか（See）」を問題にしようという風潮である。否、今は「Plan（計画）―Do（実行）―Check（評価）―Action（改善）」の4行程であるとか。けれども、これらの一連の風潮や傾向は、必ずしも全ての人々に歓迎されたり、あるいは明確に意識されたりしている訳ではないだろう。基本的に言えば、誰かが示した（例えば指導要領に記載された……）「目的・目標」が既にあって、それに従って、「計画」をたてて、「実行」して、「評価」して、「改善」するというような事の一連の文脈が、常に明確に意識されている等というのは、極々一部にしか該当していない。つまり、事の出発点において、「目的・目標」が、行為者にとってどういう意味をもっているのかが吟味されないと、論理としておかしいと言うより全体としてほとんど「茶番劇」になってしまう。

　例えば、筆者が前々からある物を手に入れたくて（目的・目標の設定）、

第Ⅰ章　体育の「授業評価研究」を語ると

それを販売していると思われる店を探して（＝手段・方法・手順）、車を運転して（手段・方法・手順）、目的地（＝取りあえずの目的地）の駐車場へ入って車を止めてドアロックをする。店の入り口でその欲しい物があるコーナを確認して（取りあえずの手段・方法・手順）、その販売コーナに向かって、店員さんに尋ねて物をみせて貰い、値算を確認して購入した（これで一連の大枠で言う「目的は果たした（評価）」ことになる）。つまり、ある必要な物を手に入れるということに関する「目的―手段、方法、手順―評価」は、それぞれの行動の段階に幾つも大枠・中枠・小枠のような関係性が成立している。この例は、たかだか1時間程度の筆者の行動を説明したに過ぎないが、その間の幾つかのステップというか手順は、図Ⅰ－1のようになる。図Ⅰ－1は目標関係として「ある物を入手する（目的）」に対して、「その場所へ車でいく（サブ目標）」があり、その駐車場の安全そうな場所を選び、さらに必要なものがどこへ行けば手に入るかの「情報や運転経路がわかるサブのサブ目標（下位目標）」もっている。これは格別に記述するほどのことでもなく、極々普通の事である。この際の下位の目的は上位の目的ための手段・方法・手順になり、車を運転することも、ある物を入手するための「手段・方法・手順」ということになる。つま

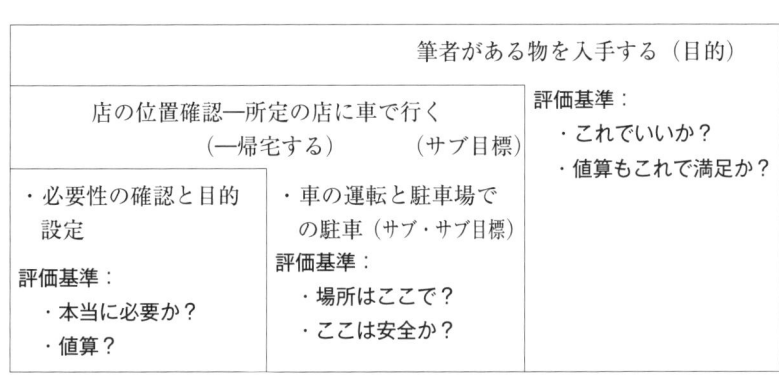

図Ⅰ－1　1つの目標設定に対するサブ的目標、
またそのサブ的目標の重層的関係
※この記述自体がある種のフラクタル（自己相似性）を示している

り、われわれが日常的な何気ない行動が「目的・目標」と「手段・方法・手順」と「評価」に関して、「内容が目的に転換」して「その都度の評価」があると言うことの確認である。言うなれば、重層構造をもち、「目的→手段」に転換され「さらに次の目標に転換される」という性格を持っていることの確認である。

第2節　教育と評価

　そして、「授業には目的があって……」というのは一見正しいが、逆に言えば抽象化された「総称語としての授業」は、目的などもっていようもない。体育科の授業では……と、いうのも同様に正しくない。例えば、水泳の体育授業を担当する人称としてのAという教師は、何がしかの目的や教授上の仕掛けを意識しているかも知れない。この場合に、やっとAという教師が、何らかの目的・目標をもっているということになる。これが一般に「授業には目的」がある……などということの正確な表現である。けれども、では子ども達・生徒達はどんな状態なのか。教師から説明される「目的」か「内容」か正確にはよくわからないが、それを受けて素直に、「ハイ……が私の目的であります……」と、子ども達・生徒達が口々に言って、活発に動いて、学習してくれるなんてことが、厳しく難しくなっている時代である。「授業には目的や目標がある」というのんびりした表現を、分かっていたような気になっていたのがわれわれということかも知れない。同様に、新「学習指導要領（2008.8）」に記載されている「教科の目的」・「分野領域の目的」の記載がある。これらは、誰かによって「記述された目的・目標」であって、われわれが明確に「意識している目的・目標」とは違うもの、異なるものという認定がまずある。そして、これらは明確に区別されるべきものであることを知る必要があるだろう。

　一般論では、行動主体が実現したいこととの間に「緊張関係も持つ」ことや、どうしても達成したいと「強く意識して設定する目的・目標」と、上記の、誰かによって「記述されている目的・目標」とは、出発点におい

て全く別物なのである。われわれが、真に目的・目標を持っているということは、以下の幾つかの条件が必要だと考えている。その条件の第1は、目標・目的の「所有性」もしくは「人称性」である。「それは私が達成したい目的・目標である」という「私」の部分である。その第2は、その目的・目標を実現する過程での「手段・方法・手順」について、われわれが100％でなくとも、かなりの程度分かっていること、また、それが自分に出来るということであろう。さらに第3には、真にそれを達成する意味での「緊張感」と、第4に失敗の時のペナルティー（児童・生徒達の冷たい視線……とか）を知っておくことが必要である。目的・目標への接近過程の反応等で、それらがうまくいくと、こんなにも嬉しい「ご褒美（例えば、生徒達の笑顔や質問）」等を、自ら設定できることでもある。

　これまで述べた、それらの条件も何もなくて、例えば、ある学習対象の、子ども達・生徒たちが「興味・関心・意欲・態度」をどれくらい持っているかとか、それを検知するために授業の過程に如何なる仕掛け（システム）を潜り込ませているか……たかだか50分の授業のなかでの「観察」で感じ取ることぐらいしかしようもないことを、客観的にとか……調査をしてとか、目的・目標対応で評価しようなどというのは本末転倒もいいところであろう。明らかに「ないものねだり」である。まして、出来もしないことを押しつけるから、学校現場も、われわれも適当に対応することになる。

　もう一つ、例えを言えば、「学校評議員」制度がある。これは各学校の外部の誰かを「委員」に頼んで選出して、外部からの評価的意見をもらうと言うものである。インターネットに面白い例が出ている。「学校評議員」の制度であるが、これは外部というか第3者（PTA役員・地方の名士・大学教授等）的な目で、学校諸活動について意見を貰いながら、これに対応するというのが外部評価システムの導入であった。例えば、ある評議員から「職員室の環境が雑然としている」と指摘を受けて「はい……各教員の机の上の整理整頓を図り、たまった書類のクリーン週間を設けます……」というのは、議員への答えとしては正解かも知れない。けれども、日々の

会議や授業や……に追われるなかで、「教員の机の上が片づいていない」などの指摘は、義務的に外部からちょっと訪れた委員が、思いつき的程度に言明する事だろうか。委員もよくわからないままで言いたい放題なら、答える方も大方は言い訳をするだけ……、机の上とて整理されているにした事はないのだろうが、外部から雑然とみえることが、意外と分類されていることの結果でもある事が多い。「教育活動に関すること」・「学校運営に関すること」等の評価項目も、それこそ何かを言わねばならないから思いつきに指摘することと、それに対する対応も無視できないから「……します」という関係になる。これらはほとんど機能する、しないより茶番劇であろう。議員を迎えて、あちこち案内して見て回り、職員室もチラっとみて、校長室でお茶でも呑んで……おもむろに始まる「評価意見」の交換が、どれほどのインパクトになるのか……こんなシステムを導入して何故、学校がよくなるという方向性を打ち出せるのか。言い過ぎかもしれないが……現場を混乱させているだけかも知れない。学内の当事者（生徒・教師・事務職）は信頼しないで、外部とか、第３者とかが信頼されるというのも奇妙な理屈といえる。国の行政に必要とされることが、各学校にも必要であるとは言い切れない。それを言うなら各水準における県市の教育委員会は何のためにあるのかという議論にもなる。

　学校という教育システムにしても、全体としてこの風潮・論調に完全に取り込まれてしまっている。学校評議員制もその一つといえる。それでは逆に、これまでに評価問題や目標設定に関する議論がなかったのかと逆襲すれば、決してそんなことはない。例えば、卑近な例ではあるが、某有名進学高校は東大に20人を合格させたとか、だから、来年は25人ぐらいはいこうとか、……否、行けるだろうとか。また、どこどこの学校は、高校野球で甲子園に出たとか……何回戦までいって、誰々が３割以上を打ったとか。これらの情報は、主としてメディアによって多くの人々に伝えられている。テレビで、何度も同じ場面を流しながら「いや～皆さんの応援や監督・仲間のお陰です」と、お立ち台に英雄をたたせて、似たようなセリフをいわせる。それらの内容は「事実である」ということと、それが「すご

第Ⅰ章　体育の「授業評価研究」を語ると

い事」であると言う「評価」をこめて、だから「評価すべきである」・「だから知っておきなさい」ということが、セットにして伝えられている。そして、これらの創作的情報（メディアにとって無駄なメッセージを極力省略して……）は、意味ありげに、情報を焦点化して人々の関心を引きつける。この辺は、「ふーん、すごいね！」で終わるところであるが、今教育をおおっている雰囲気は、意味があるのかないのかを問題にする暇も与えない。

　さらに例えば、大学の評価問題である。「組織的評価」や「個人評価」の問題に絡んでいる。今おそらくほとんどすべての大学で、毎年の如く「お前は、昨年1年間で何本の論文を書いたか、全国誌や海外誌を何本通したか」と迫ってくる。学会の「論文査読制度」や、学生による「講義評価」も、今では常識かもしれないが、ある種空しさも伴う評価の諸相である。外国の雑誌に掲載されることは誉れでも、国内の学会雑誌は大したことないとか……、ローカル学会誌など問題にもしない……というような風潮が形成されてしまっている。さらに、加えて「もう日本語の論文など書いてる時代ではない……」こんな話しになると、学問も、研究も、いよいよ空しいものに感じてしまうのは筆者だけだろうか。抵抗もあるがこれが大体のところである。これらは、大学に勤務する者にとっては何十年も昔から存在していた人事評価の仕組みであるし、それが今も変わらぬ人事評価制度の重要な項目である。今更に、この評価や目標管理のような事項が、こうも重要視されるのかを内部的に感じると1つの特徴がみえる。大学の教員達や各学校の教師達は、時間管理や自己管理が甘いから、これらの管理と評価を、部局責任者や管理職がやるとか……、そうすると教員達に何でもかんでも報告の義務を発生させることになる。われわれも、シラバスの投入や科学研究費の報告は、まあ当然であろうと思っている。今年何本の論文を書いて……それには査読体制があるとか……ないとかも一応登録することにやぶさかではない。けれども、これでは、学生達・子ども達・生徒達の方を向いている時間的余裕・心理的余裕をもてなくなるのは当然の帰結である。所与の時間は限られている。パソコンに向かう時間ば

かり増加すれば、学生や生徒に向かう時間はおのずと減少する。目が疲れる……覚えていた字を忘れてしまう。こうした教師個々人への影響ばかりでなく、中途半端な気持ちで生徒達に向かっても、それこそ中途半端な対応にしかならない。加えて、それら諸々の報告を受けた部局責任者や管理職も、その報告書の中身をいちいち読み取って評価したり整理したりするという職務や責任が発生する。互いに、これでは時間的余裕もなくなってくる。学校関係者にとっては、自分で自分の首を絞めるような風潮が何故こうも当然化・普通化してしまったか。静かに考えてみれば、お互いに首を絞めあっているようなものである。懸命に報告書を書いても、また、授業の評価を学生から受けても、評価の仕方がおかしいとのたまう教授もおられる。パソコン対応の要領の悪い筆者らが、シラバスに授業内容を書き込んでも、どうも学生はほとんど見ていないと思われるフシがある。

第3節　体育授業の評価

こうした中で例えば、体育科の授業の評価問題はどうなっているのか。70年代に『教科教育学の構想』が発表され議論されたりするなかで、体育授業に関しても多様な検討が始まった経緯がある。それ以前には授業は、崇高な教育学の検討の対象でなかったかも知れないが、この時期の斎藤喜博ら現場人の活躍もあり、「授業で勝負しよう！」という気運が生まれていた。『教授学研究の会』も、そのような背景のなかで生まれた典型的な組織かも知れない。かって小川　正は、「授業研究にも2種類ある。1つは目的としての授業研究であり、もう1つは手段としての授業研究である」。この目的か手段かという二分法には必ずしも馴染まないが、いずれにしても、授業や実践を大切にしようという風潮が大きく台頭してきた。そして、われわれ保健体育科の世界でも、授業を語る多くの実践者や研究者が現れてきた。とりわけ、体育授業の評価に関しては、小林　篤の授業評価方法の提案を新鮮な驚きをもって迎えたのを記憶している。当時、院生であったが、同じようなことに興味を持っていたからかも知れない。また、

各スポーツ種目の指導法の研究も盛んになった経過がある。特に、球技指導や水泳指導の研究は、広島大学グループ・学校体育研究同志会や岐阜大学グループ（偶土会）・筑波大学グループをはじめ精力的に取り組まれてきた。

　以降30年以上が経過するなかで、これらの時間経過はどう評価されているのだろうか。また、その評価手法や評価の結果は、誰がどう活用するのか。また、目標設定と言うこと、実践過程のあり様、それらの反省ということが重視されてきた。これらの一連のプロセスに関わって、授業にかかわる全体の枠組みが必ずしも明確でない状態で、「目標」・「評価」の問題がいつものごとくに再々浮上しているように感じている。

　そこで、本研究では、まず「目標設定」やその「評価」にかかわる問題を表面化させること。また、評価の内容と影響と時間的スパンの関係を問題にする。さらに、こうした実践にかかわる「全体枠」を問題にして、いわゆる「関係性」のチェックと、その「関係性」の形成や崩壊を問題にしたいと思う。その上で、研究のあり方について、筆者なりの私見を述べたい。その方法は、研究対象たる体育授業の「全体像」・「部分像」・「流れ」や「勢い」を描くに際して、社会システム論的な見方を据える必要があると感じている。その際、とりわけ、授業の全体像がみえてくるかどうかが１つの焦点であろう。

　第２に、これまでも物の「生産」や「販売」・「運搬」やの労働に関して、人間の能力評価は常にどこにでもあったことであるが、これらはどこまでも分断した扱いをうけてきた。例えば、農業でいえば、米の生産（農家）や、米の物流（運輸運搬）・販売（市場・スーパー・小売店）のように、これらが、今でこそ一連の経済システムを構成している。けれども、農業政策や農協を中心に運用される「減反制度」もふくめて、一括管理をしているときには「農協システム」はあっても、それ以外の仕組みは基本的に分断されていた。販売者は、生産者を知らず、購買者は生産者や流通経路を知らない。「値算の高い米の方が美味しい」という評価もあれば、「値算の安い方が経済的だという評価」もあり得る。これは、個々人の好みの多

様化と分断に近い。またわが国は、米に関しては自国生産が100％と考えていたが、まだ、輸入米があったことも知った。農家には田で米を生産しなければ、「補助金」が出ていることも改めて知る。関わりのなかでは、異なる価値観が共存している例かも知れない。そして、「物」の場合ではそれでもかまわないのかも知れないが、どこまでも全体枠が問われる中での問題である。

　第3に、誰かが物差しを開発して「何かを測定したり」、「評価する」ことによって得られる情報や事後処置が問題になる。何故なら、「評価のための評価」になりかねない危険性もあるからである。われわれの世界でいえば、そこに研究者の勝手な自己満足が見え隠れしないだろうか。その事をこそ評価する必要がある。客観的であることは1つの価値かも知れないが、各教員が授業をしていて、その時に各教員の物差しで「まずいな～」とか「今日はのりがいい」との自己評価は間違いなくある。これをわれわれは、教師と生徒達の間の「呼応性（吉本、1982）」として、自己評価できない教師は先ず少ないと感じているから……である。「今日の授業をまずかった」と反省できない教師に……何を言っても始まらない。

第4節　教育の世界の目標・目的・評価

　先にも、今の世の目標・目的や評価・効果・効率についての問題にふれた。何が何でも目標・目的を定め、その作業手順を定め、結果に照らして誰かが、誰かを評価する。従って、この手続きには、明らかに「誰かと誰か」の、あるいは「組織と組織」の関係性が認められる。それも、可能な限り数値化して序列をつけるという勢いがある。また、これも先に述べたことであるが、学校教育と、とりわけ授業中の、あるいは教科活動において、子ども達への評価が「絶対評価化」し、興味・関心・意欲・態度・技能・知識・学習方法など幾つかの観点を定めて、それらの「到達度を評価する」という。教師の教えることの中身（教科内容）や、中身の関係性をこそ問題にしなさいということならば、まだ理解もできる。教育方法と

セットも可能である。また、評価問題はこれまでに幾らでもあった。われわれは、自らの経験において、例えば、筆者らが誰か他者の何かについて評価すれば、そこに相互の評価関係が発生する。そして、筆者ら自身もその該当の他者から評価を受ける。評価は常に一方的に成立することではなく、双方向・相互作用として表面化する。「評価する者も、必ず……評価される」というのは、余りにも当たり前のことである。

　と言うより、もっと厳しく関係性を問うていく姿勢をもちたいと思う。今、国立大学の法人化が厳しく進行している。ここで中期６ヶ年の何十項目を超えるような目標の「〜します。〜を変えます。改革します。」式の、これらは何であろうか。大学の有り様を改変していきます式のこれらは、文科省への「誓い」を意味するものであろうし、構成員への「指示・命令」とも言えるものかも知れない。けれども目下のところ「目的・目標」というより、「願望」や「夢」にさえなっていない。何故なら、それらが策定される時の手続きは一応民主的であっても、その大学や学部の構成員には、ほとんど関心の寄せようもないものだからである。とても、日々に緊張して胸に刻んでおける事ではないからである。それとも、これらは「目的・目標の設定」ということも、次の中期６ヶ年で、「完成させます・修復します」ということであろうが、とても日々に意識しておれることではない。想いの強弱も実に多様である。目的の記載にも問題はあるが、二期目の６ヶ年という時間設定をしたことは、一歩の前進であるかも知れない。けれどもここにも、誰かによって「記述され、設定された目的・目標」と「自ら意識していて、そして個々の構成員が強烈に達成したいと思っている目的・目標」は、自ずと別事であることが多い。ここには教員の意識の差異ということと、教員間にも大きな分断と分裂がある。まさしく「それはそれ！……これはこれ！」と思ってしまいがちなところである。
　この日本の教育にみられる、目的・目標も常に問題になるところであるが、沼田裕之がくしくも指摘したように、欧米の文化システムに比較して、日本の教育は欧米のように目標・目標をたてるどころか、それらをも

とうとさえしなかったとする。文化的風土的思考の差異とも言える。この沼田の指摘は、１つの授業の目的目標を云々している訳ではないが、まさに抽象化されたものを含んでの指摘である。対「目的・目標」問題が、それ自体問題を含むものである。例えば、江刺は時系列論との関係で、「原因―結果関係」・「目的―手段関係」等の諸関係で、教育理論や実践を眺めるべきであるとし、用語の乱用やすり替えを批判している。この主張は、単に教育的実践を一面的に見てはならないと戒めているだけでなく、目的だけを何の脈絡もなく検討するのでもなく、まさに「目標―内容―方法」の３セットの統一概念と位置づけて関係性を議論すべきものとしている。

第５節　目標の「所有性・人称性」

われわれ日本人にとって、もっと深刻な問題がある。例えば「～をできるようになることが、この授業の目的である……」ということは、その場でいえば、教師が子ども達・生徒達に、「目的」を示したことになる。目的・目標を生徒達に示すという行為が、そのまま自動的に子ども達に転化されるとは限らない。誰かに言われて、そのように100％従います式の人間関係（命令・指示―服従の関係）は、よほどの場合でなければ成立しない。われわれは、常に一定の人間関係を形成している、そういう関係において目的・目標は、活動や生活と結びつくし、「生きてくる」と考えるのは、次の幾つかの観点からいえる。それは、大きくは４つあるといえる。先にも示したが第１に、「目的・目標」の「所有性」あるいは「人称性」があげられる。このことは、間違いなく「それは私の目標」・「あなたの目標」・「全員の目標」というように「誰々の目的・目標」というところの「目標の所有性」や「目標の人称性」が脈絡を形成していないこと多い。体育授業のようにある程度反復性のある場合は、暗黙の了解はあるのかもしれないが、一般的には勘違いが発生しやすいところであろう。また、記述された目的目標でも「人的主語」は多くの場合省略されていることが多い。「学習指導要領」の教科の目標を記載している有名な「心と体を一体

としてとらえ、運動や健康・安全についての理解と運動の合理的な実践を通して、生涯にわたって運動に親しむ資質や能力を育てるとともに健康の保持増進のための実践力の育成と体力の向上を図り、明るく豊かな生活を営む態度を育てる（中学校学習指導要領解説、保健体育編（2008年9月））」。この文章は、今更におかしいとか間違いであると言っているのではない。けれども「心と体を一体……としてとらえ」のは誰で、「資質や能力を育てる」のは誰か、とか「実践力の育成や体力の向上を図る」のは誰か……というような関係性や人称性を該当させると……解りづらいものが見えてくる。

　第2に、「緊張感の欠如」。如何なる事を目指せと言われても、そうしなければならないならないという様な各自の事情のようなものが自覚されていなければ、緊張感は欠落しがちである。目的だ評価だと言われても、心理的緊張感のもてないような自己世界をもってしまうと、まさに別の世界を創ってしまいがちである。大学の法人化でも指摘したが、「〜をする」という何十を超えるような項目に、各構成員がどこまでも真面目に対処しうるか分からないとした。「人的主語が曖昧」という問題は、われわれが思っている以上に深刻である。しかし、ここに罠が仕掛けられているというような潜在意識が強烈にあれば、様子も変わってくると思われる。目下のところ目的・目標の不達成の場合の「ペナルティー」は具体的には分かっていない。子ども達・生徒達の、冷たい視線や嘲笑について、常に子ども達が即応的に反応するとは限らない。だから緊張感を持ちにくい体制が温存されてしまう可能性がある。

　第3に、「記述されている目標・目的」と「意識されている目的・目標」に関する問題である。前述の記述されている目的・目標とは、例えば、教育実習生が指導案を指導教員に提出するとき「単元目標」や「本時の目標」として数項目を記述する。あるいは、学習指導要領には「教科の目的」・「分野領域の目的」のようなものが相当数ある。否、「教育基本法」や「学校教育法」にも抽象度は高いが、教育の目的・目標らしきものが記述されている。こうした法令文やその目的記述は、まさに「記述された目

的・目標」そのものである。子ども達にも、教師達にも、相互に響きあうような「意識され、自覚された目標」設定こそが、真の目的・目標であり、また許される状況や時間との関係で、具体的なイメージとして描かれる必要がある。

　第4に「目的・目標」への「達成可能性への路」である。ある時間設定という条件下で、「これはできる、達成できるだろう、かつ、変化もさせられる」という「手段や方法・手順」を明確にもち、それらを保持できているか、場合によっては変形できるどうかの問題である。1つの授業においても、1年間や3年間という期限においても、「100％ではないにしても90％は達成できるという手段の体系や方法・手順」の可能性を感じさせるものでなければならないだろう。ここに全体としての脈絡が見えにくくなっている原因があり、「目的・目標」と「手段・方法・手順」との関係性が分断されて、「それはそれ……これはこれ……」となってしまう傾向をもつ。

第6節　体育授業にかかわる「全体像」と「物差し」としての評価法

　1970年代からの授業の評価問題や授業への関心が教育界で非常に高まった。これには、むろん斎藤喜博らの影響も大きいが、高田典衛の発言は極めて新鮮であり説得的であった。有名な「高田四原則（動く・集う・伸びる・わかる）」は、今も関心をよせられる対象である。また、学校体育研究同志会（以下「同志会」と略す）の活動も活発で、例えば、岡田和雄の「誰でもできる体育」なども大きく注目されていた。また、「ドル平」の開発は、余りにも有名であった。相前後して、小林　篤の因子分析による「授業評価方法」の提案があった。彼は、多くの子ども達に体育授業についての感想文を書いてもらい、そこから鍵概念やステートメントを選出し、その結果を因子分析して、そこから30項目の調査項目を開発した。この小林　篤の調査法の特色は「単元レベル」を対象にしており、そこでの何時間かの子ども達生徒達の感想の変化を読み取り、その変化の平均的上

下変動でみれば、授業のどこがうまくいって、別のどこがまずかったがある程度読み取れるというものであった。小林　篤は、こうした単元の「始めと終わり」に調査することを提案していた。けれども、彼は必ずしもこの手法にこだわった訳ではない。簡便化を図ろうとしていたし、そこには高田らの発想を取り入れようともしていた。それは、研究のために教師や生徒に負担をかけるのはまずいという発想があったと理解している。そして、その1時間だけの評価ならば数項目の調査でほぼ理解できるとしている。今も単元レベルならば、小林　篤のこの手法を選び、1時間だけの評価が必要なら、高橋健夫らの開発したものを使うとする研究者もいる。

　こうした小林　篤や、彼に習って異なる学年の調査を可能ならしめようとした梅野らの研究もある。いずれにせよ、彼らは授業の長短を測る「物差し」を開発することに大きく貢献したといえる。では、このような開発されたある種「物差し」は、授業の「何を測定している」ことになるのか。この事は、授業が「生きもの」であるとか「流れや……勢いがある」とか、「プロセスが全体」であるとかの主張とどうかかわるのか。われわれは、ここに全体観と関係性を重視する社会システム論を導入して説明していければと考えた。

　学校に限定された体育授業は、グランドや体育館・プールや道場などの専門化された場所を使用して行われる。原則一人の教師のもとに、3～40人の子ども達・生徒達が集まり活動する。これは通常の教室授業と異なり、一般に子ども達・生徒達は活発に動くし、それだけに教師の言動がばらけてしまう可能性を秘めている。このあたりの事情について斎藤喜博は、戦前と比較した場合でみると、授業の場でピラミッド体制が崩れた。つまり、教師がピラミッドの頂点に君臨して、その下に級長や優等生が控えて、全体を押さえつけていた。戦後民主教育の導入展開ということで、形式的にこのピラミッドは崩れたが、その抑圧体制から解放したその事は正しい。が、それだけでは授業の水準はあがらなかった。そして、グループ学習や班別学習さらに学習集団などの、個々の子ども達・生徒達をバラバラにではなく集団のまとまりとして授業が展開されるのが一般的になっ

てきた。それでも、まだこの戦前の体制は完全に壊れた訳ではない。相変わらず「小先生」として「スポーツ部活の部員」をつかってクラスをコントロールする態勢がないわけではない。

　学校の体育の授業にかかわらず、子ども達・生徒達の学校での活動は、否、子ども達・生徒達の様々な生活そのものの活動は、家庭での生活や地域での人間関係も含めて全体まるごと含めて、考察の対象にならねばならないだろう。子ども達・生徒達は、学校だけで人間関係を営んでいるのではなく、他の様々な状況において人間関係を営んでいる。これらの日常生活の様々をターゲットにした全体的な検討こそ必要であろう。１コマ１コマの体育授業における子ども達・生徒達は、その場の状況でのみ生活をし、人間関係を営んでいる訳ではない。また、子ども達・生徒達は、生活の諸場面を時間変数で「対応」を変えていく。どこまでも揺らぐ性質をもちながら、日々の生活や人間関係そのものが彼らの全体である。そこで、営まれる人間関係は、体育の授業にも現れたり消えたりする。人間関係においても、獲得した能力においても、さらに、友人関係や師弟関係においても、現実的には大きく揺らぐ。そしてそれらが、彼らの生活そのものである。こうした考え方で授業をみればおよそ以下のような全体観が描ける。

第7節　人間の生活の全体

　一つには、生活全体における＜時間関係（過去―現在―未来）＞・＜空間関係（家―学校―地域）＞が描かれる。第二には、授業全体の＜目標―内容―方法（教科教育学的思考軸）＞である。これらは授業の中での諸関係からいえば、教師が描く「授業の前の構想（吉本、1982）」に匹敵する。いわば、授業のみに限定される未来を描くというイメージである。さらに、第三として、＜目標―内容―方法＞の系に関しての「評価軸」がある。これも教師の授業に限定された反省的評価の文脈である。また、授業の途中での「プログラム変更」などを意味している。第四には、これまで

第Ⅰ章　体育の「授業評価研究」を語ると

の「授業の三角形」に該当する＜教師（作用項）―教材（媒介項）―生徒（被作用項）＞である。これらは実在の要素を示していて、相互作用の重要性を強調するものであるが、相互関係の機微や関係性の変化を裏付けているものではない。そして、これら三つの関係は下記の図Ⅰ-2のような関係性をもつと言ってよい。つまり、これらの関係は、それ自体が一部フラクタル（自己相似性）を形成しながら、授業自体にのみ当てはめると、全体のマクロ・システム（子ども達・生徒達の生活そのもの）と、部分的ミクロ・システム（授業システム）として存在している。これまでの関係性からみれば、教授行動が単直な理由から「～の行動」をとったと言うのではなく、図Ⅰ-2のおよそ3～4層をなして動いていると見なせる総体として機能していることになる。授業は、教科を問わず、確かに極めて複雑ではあるが、図Ⅰ-2では、一番下の層に「時間・空間関係」として位置づけた。これは、「過去―現在―未来」にも、「導入―展開―整理」というようなサブの二系列を含んでいるとした。加えて、未来からの発想として

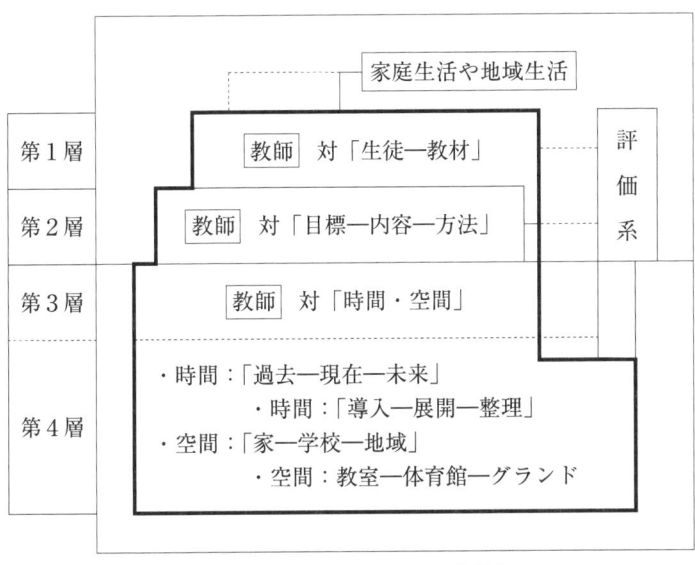

図Ⅰ-2　授業の関係性の全体像

の「逆時間思考」も含まれる。さらに、空間的には例えば、空間移動として「家—学校—地域」と「教室—体育館—グランド」のような関係性を上げることが出来るだろう。第２層では、授業の目標や実施法を構想する「目標—内容—方法・手順」の三者関係があげられる。その上に位置づくのは「対生徒」・「対教材」で表面化する「実際のやりとり関係」・「表現様式」としている。

　われわれが、授業の改善や諸関係を調整したいと願うとき、われわれが犯しやすく、かつ、見逃しやすい問題になるのは上部第１層の現実の授業の場でのやりとりに限られる場合である。該当の教師が「何故そうしたのか」という文脈がみえない場合である。けれども、図Ⅰ－２では表現できていないが、時間・空間関係の「過去—現在—未来」も、３者関係の「目標—内容—方法」関係も、現実的相互作用関係の「教師—生徒—教材」が、ともに三角関係をもつことである。また、三層間もまた三角関係（機能と三角構造）をもつことである。これらを、単純に三角関係が重層しているというより、互いに「端」がつながっていると考えられることにより、循環系をなし、かつ、スパイラルに変化していると考えた方が正しいのかも知れない。

第８節　体育科の授業評価を巡る問題

　先にもふれたが体育科の授業研究や授業評価研究は、小林　篤らによって端緒が拓かれた。これは、当時の体育科教育にとっては、驚くべきことであったかも知れない。この評価法が生徒達への調査によって成立しているとすれば、最近注目されている高橋健夫らの評価法は如何なる特徴をもつものといえるか。

　彼らは、その著書『体育の授業を創る』において、複数の手法を紹介している。先ず、子ども達・生徒達からの回答をもとに行われる評価方法として「診断的・総括的授業評価票」と「診断基準」が作成されている。その評価法は、子ども達・生徒達が答える20問への回答から情報を得ること

第Ⅰ章　体育の「授業評価研究」を語ると

になる。これらは、「楽しさ（情意目標）」・「学び方（認識目標）」・「技能（運動目標）」・「協力（社会的行動目標）」の4成分から成立しているとしている。また、「形成的授業評価票」は、簡便化した9項目に対する反応から情報を得ようとしている。これも成分的には「意欲・関心」・「成果」・「学び方」・「協力」の成分を含むものとされる。これらは、小林　篤の仕事に非常に類似した発想で着手された研究の成果であろうと思われる。これらを単元の「始めと終わり」に子ども達・生徒達に調査し、それらの情報から「何がよかったか」・「何が問題であったか」を判断しようとするものである。それらの20項目や9項目は、今日の目標論や学力論をふまえ、また指導要領の観点別評価ともほぼ一致するものとしている。

　第二は、授業を第3者が観察して評価する方法である。これも2つの手法が考えられている。1つは教師の動きを、①マネージメント（M）、②学習指導（I）、③認知的学習活動（A1）、④運動的学習活動（A2）に分類された基準に従って、「中心的な指導―学習場面」を第3者が記録する方法である。コーディング・シートに上述のマークを入れ（10秒単位で記載できる）、それらのマーク時間を合計して比率で表す。もう一つは、「子ども達・生徒達の学習従事記録」の方法である。学習に従事している時間がどれくらいあるかという事を観察する方法である。学習従事から離れてしまう（off task）の時間や人数が少ないほど、学習に集中しているという理屈が前提としてある。これは、授業が進行している中で、「12秒で判断と人数カウントをし」、続く「12秒で記録し」、最終的に「ALT/PE (Academic Learning Time/Physical Educiation)」として集計される。基本的には、その値が高い方が「より課業に従事した比率が高く集中した授業であった」ということである。これも第3者観察が原則といえる。加えて「子ども達の情緒的雰囲気」や「教師の相互作用」の記録や「観察者による「授業評価チェックリスト」も紹介されている。

　小林　篤が先べんをつけ、20数年を経て、高橋健夫らが、ほぼこれ以上のものはあるまい……と、言うほどに多様な手法を提示したことになるのだろうか。それ故、これらの各手法を「目的に応じてこれらを使い分けれ

19

ばいい」という理解のようである。このような状況を認識しながらも、通常の状態ならば、授業は「教師と子ども達・生徒達の関係づくりの場」である。それ故、その授業の前後にほとんど関与していない、第三者（他者）が、授業の場にわざわざ踏み込んだり、批判を加えたり、混乱させてしまうものとしては存在していない。むしろ、その「関係づくり」が、幾つかの方向性をもつと考える。教師に「同調している」・「教師に反発する」・「どちらでもない」のように。おそらく、現実の授業の場は、これら3方向どころではなく、対「運動やスポーツ」にだけでも「好き・嫌い」・「得意・不得意」・「有用・無用」・「面白い・面白くない」というような、現実的な自己準拠性もある。それらも、時によっては揺らぐ性質をもっている。加えて、これまでの歴史ともいえる、教室の時間史・授業の歴史を引きずっていて、これらが同時に揺れるところがある。仲良し・遊び仲間・嫉妬感・優越感・敗北感などの「間」も「感」も、いずれも「関係性」として作用している。彼ら彼女らは、生活全体の「渦」のなかで、関係性を形成したり壊したり、この事が取りもなおさず彼ら彼女らの生活そのものである。それ故、彼らの動きや反応は、何か明確な原因があって、それらによって一定の固定的な直接反応があるとは必ずしも言えない。例えば、間接的反応で「先生が〜君を褒めていた！」とかの情報は、別の人間から間接的に聞く方が、喜びや辛さは大きくなることもありうる。もう1点、

		評価のための「情報源」	
		生　徒	観察者（第3者）
評価結果の意味	直接性	・生徒の感想文 ・生徒への調査 ・授業介入	・分類論 ・カテゴリ頻度 ・授業観察
	間接性	・観察記録 ・学習ノート	・研究者から ・他者観察 （近縁でない）

図Ⅰ-3　授業評価に関連する情報源と結果の意味

第Ⅰ章　体育の「授業評価研究」を語ると

これらの手法には、「主観の総体は客観か……」という大きな問題も残っているといえる。

　ここまでの記述は、単に授業は複雑であるということを強調するためだけの記述であったかも知れない。確かに複雑さをどれほど強調しても強調しすぎることはない。けれども、石戸教嗣は、「授業システムの高度な複雑さは、単に量的な問題ではなく、それ以上に、その参加者がそれぞれに自己準拠しながら、コミュニケーションし合うことに由来する」と指摘する。と言うことは、クラスの人数が多いことだけで複雑さの原因になるのではない。彼ら彼女らが、揺らぎ、変動することの方が大きな影響をもつことになる。言わば、結果としての「いい授業」「悪い授業」はあり得ても、如何なる変数とその変動範囲から良し悪しが決まるかは、まだ必ずしも明確になっていない。そうでありながら「授業の名人」と呼ばれるような教師は、どの学校にも少なからずいる。

　これまで問題にしてきた、授業に関する記述は一面的であるかも知れないが、逆にいえば、授業はこういうものであるという記述の精度が高くなり、明確にならねば、そのどこを修正する、どう振る舞いを変化させるべきか等の修正論理や「仮説案」が見えてこない。具体的な対象に対する具体的な記述である。筆者達は、教育実習生の授業や、附属校の先生方の授業を参観させて頂く機会が多い。いわゆる「研究授業」であるが、こうした場合には多くの場合、反省の会や意見交換をもつことが多い。こうしたセットの反省会や意見交換では、観点は幾つか異なっても、おおよそ意見や評価は一致することが多い。先に、授業の成否は、何か物差しを開発して測定することが必要というより、あるいは、そうした物差しで測定しなければ分からない事かどうかを問題にした。そして、伝統的な「研究授業」の観察で、おおよその評価や反省点は見えてくる。だから、小林　篤や梅野圭史、さらには高橋健夫らの開発したものを使わねば何も分からないとか、物差しの開発が無意味と言ってるのではない。数人の教師仲間等での意見交換の方が時間的にも、コスト的にも合理的である可能性が強い

……と、主張しているだけである。先駆者の開発した手法が、授業を評価し、その事で教師たちに「納得」と「安心」を付与するものであれば、それはそれで十分意味があることは承知している。むしろ、現実からいえば、「簡易版」の方が遙かに有益で簡単かも知れない。

　にも関わらず、われわれは、人間の「感覚・経験」をもっと重視し、それらがどのように処理され、どう教授行動とつらなっているかを研究する必要があると考えている。授業における、これらの情報処理が如何に行われているかを議論する態度が必要であろうと考えている。「見ようとしなければ……見えない……」ということもありうるが、授業は基本的に色んな意味で、客観化や数値化や科学化の方向性が難しいと考えている。それどころか、難しいというレベルを超えて、無意味とさえ言えるかもしれないと感じている。今日まで、科学性志向のなかで、客観化・数値化や科学化は正しいということで、様々な物差し作りが行われてきた。けれども、仮に主観主義的であっても総合主義的であっても、教師その人が、状況や個々の生徒達と相互作用することは、当該授業者にも外部的にも察知できる。教師その人の人間性や普段の関係づくりのなかで決まることを、もっと言えば授業でのやりとりやその意味合いを関知する力、修正すべきは修正できることの方が遙かに意味のあることである。その意味で、適切なレベルの「感受性」や「アサーションの訓練」というか、「心根の育成」というか、自らを客観視できることが必要である。これは「即応性」とも言えるもので、観て……聞いて……即時的に対応出来ること、感じ取れることと、方向づけの出来るような「サイバネティカルな相互作用（調枝、1985）」の形成のようなことを重視したプログラムの開発を急ぐ必要がある。それでも、大学の教員養成プログラムや教育職員免許法に示されることとは異なってしまう可能性が高い。

第9節　授業を対象にした研究のあり様

　1970年代の教科教育学構想期以降の授業評価の問題を先にふれた。そして、授業の名人といわれた高田典衛や、授業の評価様式を開発した小林篤あるいは梅野圭史らに続いて、高橋健夫らが評価方法を開発して、その正当性を強くアピールしている。
　ところが、われわれはそのようないわば「物差し」をわざわざ作って、その信頼性がどうとか言うよりも、もっと教師達の「感覚や経験」を重視すべきであることを指摘している。おおらかに考えれば、該当の教師にとって、今先ほどの授業の成功や失敗は十分に「反省的に分かっている」はずであろう……と、いうことを前提にしている。もともと教師の仕事は、吉本　均も指摘するように、単に「技術的な仕事」というよりは、「思想的な仕事」である。今の目の前の授業が、どの程度のものかは、該当の教師のもつ価値観にも依存するし、技術にも依存するが、教室史の延長であれば、該当の教師自身が一番鋭敏に感じ取っていることであろう。図Ⅰ-2で言えば、第2層第3層にかかわるものである。従って、何か共通の尺度や物差しを意識したり、それらに従っているとは限らないのである。この様に考えると、授業評価研究のあり方であり、かつ伝統的に実施されている公開の研究会や批評会は、多様に考えている参加教師や第三者達からの情報が提出される。また、その場で反省的情報が入手できる。ここには、評価と反省が同時的に成立することになる。現実に評価の尺度やもの差しが使われるのは、研究的意味合いにおいて使われることが多い。また、現実には「観ておれば……わかる」という、このやり方を多くは採用している。VTRにとったり、色々計算や分析をしなくとも分かっていく直接的・即効的な情報の方が遙かに影響も大きいと考える。現実に、多様なテストや観察カテゴリーを使った研究や授業の改善策が、あちこちで永く使用されているケースに出会っていない。ただし、この「見ておれば分かる式の手法」に問題が無いわけではない。例えば、授業を見た後の見

解が大きく分裂したり、故意に悪意がはたらくと意味をなさなくなる。これらは主観的であるから問題なのではなく、授業に対する「思い」・「重要度」の違いとして存在する問題のとらえ方や授業に関する「思想的」な問題であろう。

　われわれは、主観的かつ直接的な授業の「実践仮説」の成立要件を考えたい。それらは目下の段階で以下4点が考えられる。①教材へのルート（教材構成・教材解釈）、②グループ構成（人間関係の把握）、③説明や行動の内容・勢い・音量の調節、④表情の豊かさ等である。これらは学習指導案を、そこに教科内容としても、過程としても「実践仮説化」できるかどうかにかかっていると理解している。該当の授業で起こりそうな「いくつかの問題」を事前に解決するための「仮説」が成立しているかどうかが問われるべきであろう。それゆえ、誰彼の「学習指導案」は、その教師の「実践仮説」でありまた「教育実験」と位置づけることの重要性を考えている。

第10節　授業のアセスメント評価は成立するか

　先に学習指導案は、「実践仮説化」・「教育実験仮説化」できるかどうかにポイントがあると述べた。これは、授業の事後に何かを問題にする態度も否定はしないが、事前にこの授業は「〜のようになるのではないか……」とする事前評価（アセスメント）の問題である。例えば、教育実習生達は、何度か指導案を書いて指導教員に提出する。その過程で、議論したり、修正して授業に臨む。随分緊張を強いられる場面でもあろう。このような授業の準備過程は、指導教員には、ある程度未来に生起することの様子がわかってしまう。だからこそ、教育実習生の考え方の修正や、方法・手段・手順の変更・場面設定の変更を求める。こうした場合、教育実習生の行う授業に、何らかの「まずさ」が予見できるから、実習生に指導的に関わっていくことの意味が出てくる。これらは事前の授業の「アセスメント評価」ということになるだろう。

にも関わらず、学校現場の現役の教員の場合、よほどの場合でなければ、その授業を評価しあう機会はない。何かの特別な時（研究発表、学年研会、公開研究会）の例外を除けば余りないといえる。これは、授業をその経過や事後において評価することの意味が余り出てこないということを意味している。教員の「自己反省」として、授業の経過や事後の満足度を検討することは、意味のないことではない。けれども、より望ましくは事前において、この指導案では「……の様になってしまうかも知れない」という可能性を検討する方が、遙かに有意義といえるだろう。それでも、通常の場合、教員達は各授業の準備として指導案を精案として書いて検討することなど極まれである。多くの場合その事を精密にやりうる時間をもてないでいる。かって、吉本　均は、授業を「構想する」ことは、「本来……楽しい嬉しい作業でなければならないこと、～すれば、あの子は～というだろう」、「この子はどんな動きをするだろう」かと。単なる授業の計画案をもつとかではなく、その準備のための重要な時間をこそキープしたいものである。この事をこそ「仮説」として設定することの意味をこそ問題にする姿勢をもちたいものと思う。

第11節　「授業評価」の情報の使い方

　授業の評価で得られた情報はどう使われるのか。このポイントは特に、小林　篤・高橋健夫らに限らず、単元をふくめたもの、授業をシステマティックに観察して、カテゴリーの該当・無該当を判断して、「あなたの授業は……です」という場で、発生する情報はどういう意味をもつのであろうか。例えば、われわれが独自でやった授業が、客観的にどう評価されるとは別に、個々の子ども達・生徒達との「授業史」を共有している。その教員には、もっと水準の異なる評価の目がある可能性がある。それ故に、客観的な情報以上に、「あの子が～のような発言したり」・「あの子はどちらかといえば～」のような歴史性や変化が理解できる場合が多い。「今日の授業は、あの子がにっこり笑えば成功だ！」というように、授業

それ事態に教師自身の準拠性もある。否定的な発言・反抗的な態度がみられる場合も、おおよそその理由は関知できる。すべてが分からないまでも、おおよそその子ども生育史・生活史は担当教員には、事の顛末が分かっていることが多い。

にも関わらず、ある観察システムを使って授業の評価を試みた結果が、研究誌に投稿される場合がある。が、これは授業評価に絡む情報が、研究のために利用されていることになる。そうした事がありうる事は否定しない。逆にいえば、授業をやった教員にとっては如何なる情報としての意味をもつのだろうかということである。教員が欲しがり求める情報は、個別の自らの授業について、どのように考えるべきか、どのようにどこを修正するかであることが多いと思われる。この点、小林　篤はこの点を明確に意識していた。ある開発した評価手法が、何のためのものかを明確に意識されていた。教授＝学習行動の評価が教員自身のために使用されるには、「評価記録—意味づけ」という相当の時間を自身ではなしえず、そこに訓練を受けた観察者・評価者や計算のプロセスが介在するということになる。そのような記録や計算を必要とするが、それはおおよそ「評価用紙の作成」・「分類と記録」・「事後計算」・「結果の解釈」のような手順を教員ひとりでこなすのは、この範囲だけで相当に難しいことと言えよう。結論を導く前に、われわれは、子ども達・生徒達との関係において、何を見、何を感じて、予定を変えたり継続したりしているか、「教師能力（Teacher Ccompetence）」の形成研究ということになるが、「Teaching Skill=Open Skill」として位置づける態度も必要であろう。これらの概念は、スポーツの分類論や人間行動の記述にもよく使われるところであるが、研究者と授業者の関係にも影響をあたえるものといえるだろう。

第Ⅰ章 体育の「授業評価研究」を語ると

第12節　まとめてみると

　体育科の授業を対象とした研究は、70年代から盛んになり、その研究は同時に体育授業の評価研究であった。その歴史は、小林　篤等から始まり、高橋らに至っている。むろん斎藤喜博らの影響も見逃せず、また同志会の「運動文化論」をベースにした実践研究の影響も無視できない。「法則化運動」や「TOSS検定」を展開する向山らの強烈な主張もある。それでも思う。向山らは、幾つもの教科授業を計測評価しているのだろうか。直接的に感じているのではないか……と。

　さらに、われわれはそれらの評価研究や実践記録化する研究よりも、現実的な個々特殊な場におかれる教師の教授行動への影響要因と一般に言われるような一般的要因を包括する形で議論すること、事後の評価を云々するより「事前の構想」を議論する方が有効であると思われること。その為には、学校内での勤務時間帯のなかに、自分達が相手にする「子ども研究」・「教材研究」・「授業のアセスメント評価」を成立させることの重要性を訴えたいと思う。そうした時間の確保や感覚を磨くことの余裕も無いところで、「研究せよ・授業の成果をあげよ」ということの無意味さも知っておくべきことであろう。これまでの議論を要約すれば、以下三点のようにまとめられるように思う。

　第一に、研究授業のこれまでと、これからは、授業の何かを一定の物差しで測定して、判断評価する態度を別に否定はしない。これらは、客観的で細かい情報のあれこれを提供するかもしないが、これらの情報の整理や処理に時間のかかること、多大な労力が必要なことは、場合にもよるが……長続きはしない傾向も否定できない。研究的関心の実践的関心の寄せ方の違いであろう。

　それ故第二に、もっと重要にして直接的な手法を考えるべきである。有効なのは、われわれは相互の感覚をとぎすまし、子ども達・生徒達の教室史（授業史）を記憶化しつつ、ほどほどの「感受性」を形成する方が重要

であるし、簡便であると考える。その理由は、「客観―主観」か「事後評価―事前評価」か、「一般・特殊」の組み合わせの二者択一ならば、主観性を排除せず、事後を事前に読み取り、柔軟な主観・感覚・経験をより重視すべきであると考える。

　第三に授業を改善しようと考える教師ならば、自分の目や耳で、子ども達・生徒達の動きや反応を感受し、目と耳で聞く子ども達の風景、そして何より身体で感じる教室の風景を大切にすべきであろう。授業改善の方法として、本当にその改善を願う教師であれば、自身の総合的感覚を重視し、かつ、加えて自己反省的情報の重要性を無視してはならない……これが現時点の答えでもある。

文　献

・小川　正（1966）：「日本の授業分析の現状と課題」、教育学研究、33巻1号、20-30
・沼田裕之（1995）：『教育目的の比較文化的考察』、18-25、玉川大学出版部
・江刺幸政（2005）：「体育科教育における『目的』概念を巡る諸問題に関する一考察」、第57回中国四国教育学会（安田女子大学）「配布資料（未刊行）」
・松岡重信（2004）：「保健体育科の教育方法」、日本教育方法学会編『現代教育方法事典』、273-274、図書文化、2004
・松岡重信、他（2006）：「皮肉を込めて『研究』を語れば……―体育科の授業評価研究の動向と展望―」、日本教科教育学会誌28（4）、71-79
・小林　篤（1986）：『体育授業の原理と実践』、113-124、大修館
・小林　篤（1975）：『授業分析法入門』、26-103、明治図書
・宇土正彦（1986）：『体育授業の系譜と展望』、31-46、大修館書店
・山口孝治（2005）：「小学校体育授業におけるコース別学習の有効性に関する実践研究」、第31回　日本教科教育学会全国大会論文集、64-65
・奥村基治・梅野圭史・辻野　昭（1989）：「体育科の授業に対する態度尺度作成の試み」、309-319、『体育学研究』、第33号巻第4号
・斎藤喜博（1960）：『授業入門』、58-65、国土社
・高橋健夫（編著）（1997）：『体育の授業を創る』、233-245、大修館書店
・高橋健夫、他訳（1998）：『シーデントップ体育の教授技術』、267-310、大修

館書店
- 石戸教嗣 (2000)：「システムとしての授業（2）」、『ルーマンの教育システム論』所収、183-199、恒星社厚生閣、2000
- 吉本　均 (1989)：『呼びかける指導案を構想する』・『否定のなかに肯定をみる』、ともに明治図書出版、『新・教授学のすすめシリーズ』として発刊されている。
- Mary Jensen (1980) : Teaching; Open Skill, Implication for Teacher Training, QUEST, Vol32, No1, 60-70

第Ⅱ章　問題こそが問題だ……！

　第1章では体育授業の構造問題と評価問題について議論した。そこでのまとめは、教師に限らず、彼ら彼女らが持っていると思われる個人感覚や経験をもっと尊重すべきという結論を導いた。体育授業の評価を巡って、これまでに開発されてきた小林　篤・高橋健夫らの手法や研究を否定はできないまでも、それを用いた手間暇や時間を考えると、これらの手法が簡単に根付いていかないことにふれた。けれども、もっと問題の全体性を考える時に、われわれが問題にすることは、「それがどのような問題か」・「どのような性質をもち、他の問題といかなる関係をもつのか」が検討されるべきと考える。

第1節　出発点と問題の範囲の概略

　1965年にユネスコのポール・ラングランらが提唱した「生涯教育」の中身は、具体的には国々によって多少は異なる受け止められ方をされてきた。しかし、この素朴にして重要な概念の意味するところは、「人間は何時までも物や事を学習し続けるべきだ」という一種の世界的・社会的運動でもあった。これらは、「継続教育」・「成人教育」・「リカレント・エデュケーション」等として、今日的にも重要な位置を占めている。本書ではこの事自体を問題にしたいと思っている訳ではない。が、結局は……関連してしまう。問題の性質をこそ議論しておかねばならない。

　われわれの「体育」とか「生涯スポーツ」の、少し前の歴史を振り返る

と、70〜80年代には「生涯体育」という概念として表現されていた経緯がある（体育原理研究会；1973、川村英男；1985）。こうした状況を少し知ると、この概念は、「生涯教育」と「生涯体育」の「教育」と「体育」の入れ替え造語として成立してきたものと理解できる。そして、筆者もなかなか落ち着きのいい言葉として当時は素直に受け止めていた。この1970年頃と2009年との時間差は、約40年である。その間、何より「教育主体」から「学習主体」への主体性移行が行われて来たといえる。以降この概念が議論される中で、「生涯学習社会」の構想や、法的基盤が形成されるようになってきた（1990：「生涯学習の振興のための施策の推進体制等の整備に関する法律」）。その事が、承認される社会において「生涯教育」は、「生涯学習」としてほぼ一本化されてきつつある。われわれの世界では、「生涯体育」に代わって「生涯スポーツ」が一般に使われるようになってきた。そして、この生涯スポーツの有り様にかかわって図Ⅱ－1のような、「直接・間接」・「遠・近」に想定される関連問題領域を考えておく必要がある。

　この図Ⅱ－1に示した「A：中心課題」は、この「教育や体育あるいは生涯スポーツ」が、全体的にはおおよそ図Ⅱ－1のような関連問題領域を構成しているように思われる。図Ⅱ－1は、中心問題として「A：日本の教育や体育科と生涯スポーツ」を据えたものであるが、問題が変われば、また異なった素描が可能であろう。そして、これらに直接・間接かかわりをもちそうな他領域との関連を整理したものである。「人と人」あるいは「組織と人」・「組織と組織」とは、多くの場合その接触面において問題やトラブルを引き起こしやすい。そして、「文化と文化」も同じような性質をもっている。すなわち、その互いに異質なもの同士の時間的・空間的接触面や接合点において問題をもちやすいことを強調している。接触点において、また「かかわり」において問題やトラブルを起こしやすい。こんな例もあるだろう。夫婦でなければ、喧嘩はしない……夫婦だからこそ喧嘩をする。けれども「かかわり」を持たねば、孤島にくらす一人生活になってしまう。人も団体も組織も身動きがとれず、生活もできない。それ故、人も組織も文化もこれらの事項が他の領域と「かかわり」をもつという認

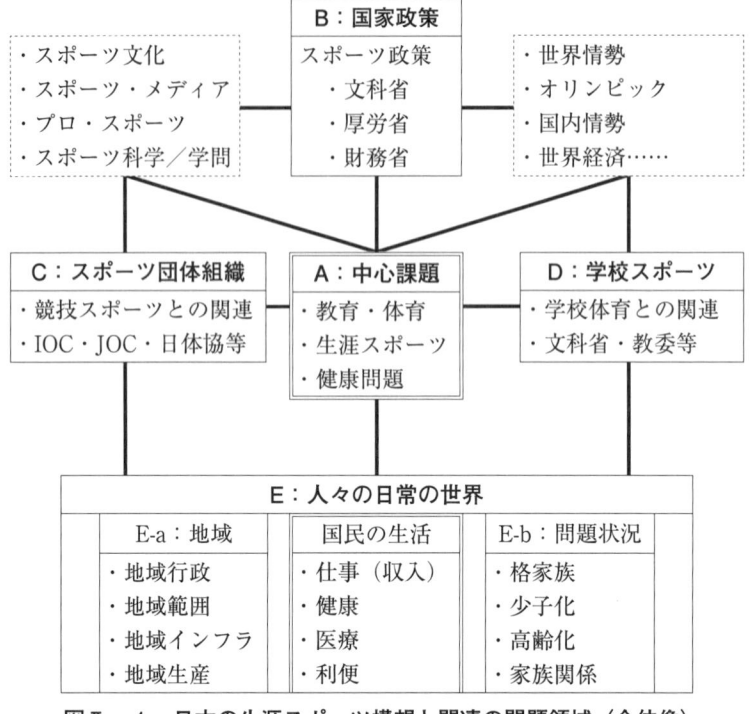

```
                    ┌─────────────────┐
                    │  B：国家政策    │
┌──────────────┐   │  スポーツ政策   │   ┌──────────────┐
│・スポーツ文化│   │  ・文科省       │   │・世界情勢    │
│・スポーツ・メディア│ │ ・厚労省      │   │・オリンピック│
│・プロ・スポーツ│  │  ・財務省       │   │・国内情勢    │
│・スポーツ科学／学問│└─────────────────┘ │・世界経済……│
└──────────────┘                          └──────────────┘
```

┌──────────────────┐ ┌──────────────┐ ┌──────────────────┐
│ C：スポーツ団体組織│ │ A：中心課題 │ │ D：学校スポーツ │
│・競技スポーツとの関連│ │・教育・体育 │ │・学校体育との関連│
│・IOC・JOC・日体協等│ │・生涯スポーツ│ │・文科省・教委等 │
│   │ │・健康問題   │ │   │
└──────────────────┘ └──────────────┘ └──────────────────┘

```
        ┌──────────────────────────────────────────┐
        │         E：人々の日常の世界              │
        │ ┌──────────┐ ┌──────────┐ ┌──────────┐  │
        │ │E-a：地域 │ │国民の生活│ │E-b：問題状況│ │
        │ │・地域行政│ │・仕事（収入）│ │・格家族  │  │
        │ │・地域範囲│ │・健康    │ │・少子化  │  │
        │ │・地域インフラ│ │・医療 │ │・高齢化  │  │
        │ │・地域生産│ │・利便    │ │・家族関係│  │
        │ └──────────┘ └──────────┘ └──────────┘  │
        └──────────────────────────────────────────┘
```

図Ⅱ－1　日本の生涯スポーツ構想と関連の問題領域（全体像）

識は前提としてある。また、同時に問題やトラブルを起こしやすいということも前提としてある。さしずめ、本書で扱うAの中心課題を考えるには図Ⅱ－1の全体ぐらいを、問題の全体として把握しておく必要があるということでもある。但しこの図Ⅱ－1には、時間軸は設定されていない。

第2節　社会システムという世界の眺め方

　不勉強を承知でいえば、われわれのこの世界の全てが、常に何らかの関係やかかわりをもって成立していることを例示した。その関係性の種類や特徴は、後にもう少し観点をしぼって示すが、例えば労働と経済行為（金

第Ⅱ章　問題こそが問題だ……！

銭：給料と物品購入）に焦点をあてて、図Ⅱ－2を見て欲しい。これは筆者の本日の「朝食」を事例にいくつもの関係を想定している図である。今朝、パン2枚・牛乳コップ1杯・バナナ1本を食べたとする。そのうちの食パンが、製造されてスーパーに運送されて、筆者がそれを消費するまでの経路を想定してみた。例えば、アメリカから小麦を輸入して（輸入手続き・船）、それを製粉会社に運んで（トラックやその運転・ガソリン）小麦

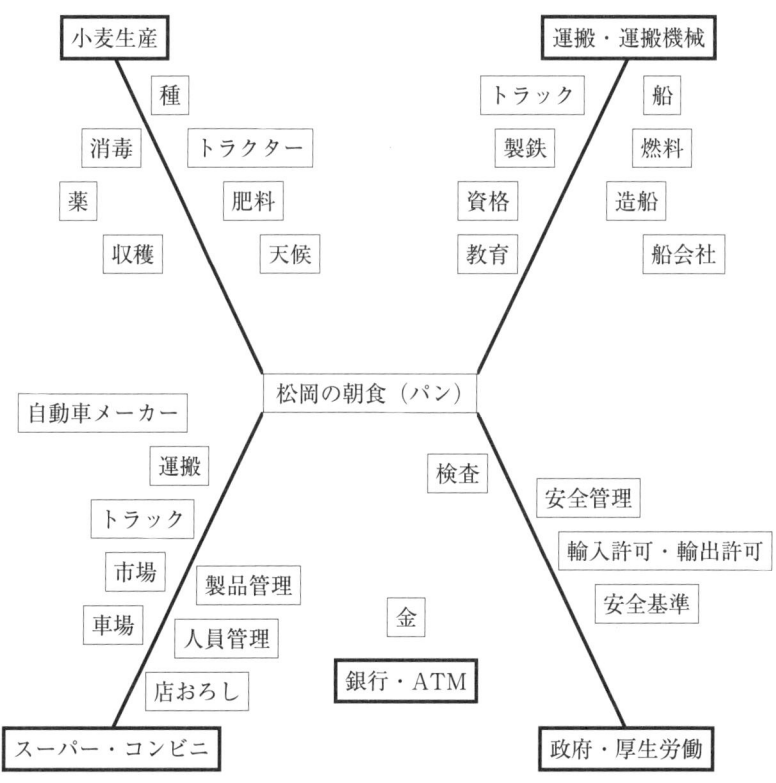

図Ⅱ－2　食パンを例とする物・事・人の関わりと循環

上記の図Ⅱ－2は、まさに適当に関連の深いものを点在させただけの図である。ところが、現実にはパン工場（パン加工）は工場でシステムをなしていながら製粉工場や原材料を生産するアメリカの農業技術や、場合よっては天気天候の影響をうけている。この図でいえば、われわれが意識する意識しないにかかわらず関係をもっている。

33

粉にして、製パン工場にまわして……というこの経路に、働いている技術者や人々の労働を想定できる。筆者が朝、食パン2枚を食べただけのことに、世界中（小麦は誰がどうやって作った……そのトラクターは誰が造った、その燃料は誰がどこでどうやって作って、肥料は何を材料にして誰がどこで作った……、それを誰が何をつかって運んだ……、その資格や教育……は、誰がどこで……）というような事が関与している。ここには、経済行為が媒介するが、身近には、筆者が経済行為として、120円を支払って購入しただけの事である。けれども、その裏側というか、普段は見えていないところを少し想像してみると、世界中の物・事・人の「循環」ともいえるものが見えてくる。そして、この事はバナナでも牛乳でも同様である。ここで問題になりそうな事は、為替レートが急にあがったり下がったり、燃料代が急騰したり、天候不順で小麦が不作であった……あげれば限りなく想定される問題やトラブルの例がある。これらが、現実に大きな問題でもあった……このことは、われわれもつい2008年末のアメリカ発の大不況として経験していることである。

　このことは、世界の人々と世界の事と世界の物が、何かの鍵概念を定めれば連鎖していて、すべてが何らかのかかわりをもっているということでもあろう。社会をシステムとして見ようとか、文化システムであると表現してきたN.ルーマンやT.パーソンの意味とも関わっている可能性を示唆している。

　長々と本書が扱う範囲と、基本的なスタンスを述べてきた。われわれの生活が、単純に金と、生活用品を購入するという経済行為の関係だけで成立しているのではなく、われわれが意識しているかどうかに係わらず、現実にかかわりがあると言うことを示したかったからである。また、異なるシステム同士が、その接点や重なりにおいて問題を起こしたりトラブルの元凶になりやすいことを確認したかった。普段は、余り意識していないことを、少し意識して図に描いてみただけである。意識になくとも……従って「関係がない」と考えられることではあるが、筆者の120円のパンの支払いの裏側に、とんでもなく複雑で、大きなシステム同士の関わりがある

という事を示しておきたかった。

第3節　学校体育や学校スポーツの研究にかかわって

　ある組織体や他の組織体も、それらのそれぞれの関係性（接点や重複性）において問題を起こしやすいとした。ちなみに、「図Ⅱ−1のＡ：」の学校や教育と、関連しているとした生涯スポーツ等が、如何なる組織や活動・運営を意味しているかとは別に「Ｄ：学校体育」との関連を記述してみると次のような問題が浮上してくる。

1）学校の体育授業では、既に「生涯スポーツ」にむけての体育活動というような位置づけもあって、いわば「生涯スポーツ」が指導要領の教科目標の一つになっているという理解がある。
2）その教科目標の一つであるということの理解は必ずしも一義的ではないためか、過去には、内容に関わって「軽スポーツ（バトミントン・テニス・卓球……）」というか、将来でもやりうるスポーツをしようというような種目選択にかかわる議論が過去には中心であった。
3）これらの教科内容面だけでなく、方法論にかかわって集団やグループ学習・選択授業や習熟度別学習などの充実を求める側面もこれまでにはあった。
4）学習指導要領は「教科の目標」や「教科内容」においてだけでなく、学習の方法の概略を定めてはいるが、その制約するところは、個々の体育授業のレベルにはほとんど連動していない。
5）評価問題にかかわっていえば、「興味・関心・意欲・態度」等は何を意味しているのか、自己教育論も自己学習論も、また戦後の主体性議論もそうであるが、どこまで人間や人間の学習システムの特徴を把握し得ているかは、必ずしも明確にではない。

　そして、われわれの世界にも、まずい関係性は認められる。学問的な闘争とでも言うのか、特に、自然科学的範疇で研究する人間と、例えば教科教育学のような分野とでは、構えも手法もまるで異なることがある。同じ

ように人間や人間の運動や運動学習を対象にした研究において、人間の筋繊維やそれらのスライド・セオリー・筋組成を説明しようと学問と、教育のような圧倒的多変数で多様性に満ちた「もの・事」を対象にした相互作用の研究が、同一の路線で語れることは水準が異なり過ぎているといえる。

　もたもた……と、後者の相互作用を説明しようとする態度、ある程度問題に解決の説明がつくから、その問題を解決するには、最も好ましいと思われる「〜のような仮説」を設定できる。この文脈性こそ非常に重要であろう。乱暴であるが、筋繊維のあれこれ・ガス交換のあれこれ（運動生理学的対象）から授業の仮説は導けない……というのが筆者の今の状況である。

第4節　手間・空間・仲間・時間の4間とスポーツ

　最近よく話題にのぼる標記の「手間・空間・仲間・時間」等の欠乏状態は、如何にもわれわれの日常生活が、他者とのかかわりを避けて安定系になろうとしている……そういう傾向を感じてしまう。交通事故を例にして考えれば、事故の当事者同士の「からみ」をさせないで、保険会社同士がケリをつけようとする。相手に謝れば、謝った方が悪くなるあるいは不利になる。とする。さらにいえば、日本のような典型的な資本主義国家では、金でカタをつけられることは、金に頼ってしまうような典型だと言えば抵抗があるだろうか。こうした社会では、金を多くもつ者が圧倒的に有利ということにもなりかねない。他者と何かをしようとすれば、標記の「4間」は交流・生活・活動の前提条件にもなる。では、何故この「4間」が問題にされるのか。筆者らの周辺で、この「4間」を問題にするのは、例えば、スポーツをする条件に重なるからであろうか。けれども逆に、スポーツをすれば、この「4間」の欠乏は避けられるのであろうか。何とも……言えない問題である。

　ここでいう「間」は、間柄を示し、関係性を示している。だから、この

第Ⅱ章　問題こそが問題だ……！

「間」の問題の仕方は、これらが欠乏しつつあるという状況を問題にするからである。人々のなかに「間柄」や「関係性」の構築のための条件を軽視・無視し、面倒にはかかわらず、特別に妙な安定系の生活に埋没する傾向を示していないだろうか。今日的な社会問題の幾つか、例えば、年間3万人を超す自殺者がいるとか、会社から都合よくリストラされてしまう労働者、完全失業数360万人（2009年11月）とか、年間20万件を超すような離婚数、親子身内の殺傷事件の増加傾向等、人と人の織りなす事件事故のニュースの多さも気がかりな数値である。これらも関係性の欠如や関係性の立ち切れといえるかも知れない。

　この世の「すべてが……すべてに連鎖する……」ではないが、例えば、次のような問題は如何に理解しておけばよいのだろうか。日本だけの特徴でもないが、豊かになった国々における生涯特殊出生数の低さ、確かに子どもを産んで育てることのコストは、決して安いものではない。けれども、途上国の子ども達の多さをみると、途上国の多数出産数が異常なのか、日本のような国の数が異常なのか判別できない。いずれにしても、経済的に豊かになることは、生活様式や生活の考え方に豊かさをもたらせていると期待されてきた。けれども、この豊かさの格差は、同時に貧富差の厳しさにおいて、アメリカに次いでいる。それ故、同時に経済的に豊かになったことで「何を得て、何をなくしてきた」のかも検討しておく必要がある。

　例えば、今の核家族化した多くの家族形態は、人生上の何年間かの間の極めて重要な年齢期において、例えば子どもを産んで育てるというような重要な役割をもつが、これに対してほとんど余力をもっていない。例えば、若い共稼ぎ夫婦が、子どもを産んで育てるという時に、多くは他者との関係を「経済力」で構築していくことになるが多い。毎朝、……バタバタと子どもをどこかに預けて、夕方時間を気にしながら迎えに行く……こうした生活が、どこかに危うさと言うか、余裕のなさを露呈してしまう。核家族の危うさは、多くの場合、若い夫婦の希望という「ベクトル」と、キャリアーというか職場（職業）の「ベクトル」がなせる技であろう。社

会的な単位の家族に余力がないことが、職場の余力も奪っていることにも繋がっている。基本的な家族生活のなかで、「すべてに余力がない」、「他人を構っておれない」、こうした心理状態におかれている多くの人々がいるのではないか。他者からの「手間・空間・時間・仲間」に餓えながら、そして、それらを求めながら、満たされない状況が続いていると理解している。このような例に違わず、「間がもたない」というか、かかわりを避けて、他者との関係を崩し断絶させて、マイ・ペースで孤立化していくことを「善し」としているのかも知れない。例えて言えば、「コンパートメント社会」が進行しているということにも通じる。子ども達が、小学生の段階から自分だけの部屋を欲しがり、そこに生活のほとんど（TV・PC・携帯等の機器）を持ち込んでしまような、親子でも互いに干渉せず無関係な時間を費やすという……これが本当に正常（？）かどうか、……大いに考えてしまう。それ故に、かかわりが金銭だけを媒介にして成立する関係、あるいは、経済力だけに特化する社会になってしまっている。これは教育や授業を考える問題としては、あまり面白くない環境的条件かも知れない。子は親を鏡にするといわれる。子が親と同じような生活パターンをしてしまうことも可能性としてある。

第5節　問わねばならない子ども達の学校生活

　学校という制度的枠組みがあって、これは如何なる「義務」感覚かは明確ではないが、これは明確に制度を定めて、その規程に従って運用されている。「義務」ということが多少なりとも問題になるのは「国や県市の行政の義務」や「親の義務」・「子どもの義務」があるからであろう。しかし、一般には「子どもは、該当の年齢になれば小・中学校へ通うものだ」という解釈であろうか。「権利─義務」の関係は必ずしも明確とは言えないが、筆者流の解釈では「権利」でもあるが「義務」でもある。

　そして、学校で学ぶべき内容は学習指導要領に定められている……というのが、これも今日的には一般的な常識かも知れない。とりわけ、昭和33

第Ⅱ章　問題こそが問題だ……！

年度の指導要領改訂以降に加えて、ここ平成年間に入って、とりわけその傾向は強まっている。その事の意味を少し問題にしたい。学習指導要領の「総則」・「教科」や「道徳」・「特別活動」等に組織化された知識や経験について、原則教員の指導のもとに行われることになっている。各教室は窓を大きくとり自然光を入れながら、基準以上の明るさを保つように誂えてある。机の高さや大きさもほぼ規格され、一教室の生徒人数も多少の差はあるが、例外を除けば、3〜40人にほぼ統一されている。問題は、教えられる教育内容とその背景にある。筆者らが大学院時代に教わった、数学関係の某教授は、「数学だ算数だと言っても、まあ……小学校4年生までの学力があれば普通に生活するのに支障はないよ……！」と。講義の場ではなく、休憩中の雑談であり、われわれは笑いながら「そんなものですかね……では代数だ幾何・微積分だというのは何ですかね」と話したが、その答えはなかった。いわゆる知識の体系として、各教科の内容が国家基準として示されている訳であるが、次のような勝手な基準から各象限ごとに割り振ってみた。それが、次の図Ⅱ-3ような基準軸の図である。誰彼の生活基準からみれば、該当の教育内容が、「将来役にたつ―将来でも役にたたない」という基準が一つ浮かぶ。また、社会的基準として、「知っておくべきこと（善で好き）―知らなくてもいい（悪で嫌い）」という基準をセットにしてみた。これは過去に向かっての自己評価である。所詮、個人的な問題と言えばその通りであるが、筆者の場合でみれば大体こんなところである。内容がよく分からず勉強が嫌であったのが、④の数学や物理・化学（理科ではない）で、多分正しいのであろうが全く役にたたなかったのが、道徳であったし、後に中学校の教員になったとき、教えるのがこんな難しいものはない……と、感じたのも道徳であった。

　②の項目は、ふざけているのではない。ケンカの仕方や騙し方・脅し方は善悪でいえば、悪であるかも知れない。これは小学生の高学年時代に「すごく役にたった」記憶がある。これがスポーツ場面で、敵を騙し……振り切って得点していくのは、立派なスポーツスキルやスポーツ戦術とされる。緊張場面で、脅して逃げるという作戦があった。③は基本的に犯罪

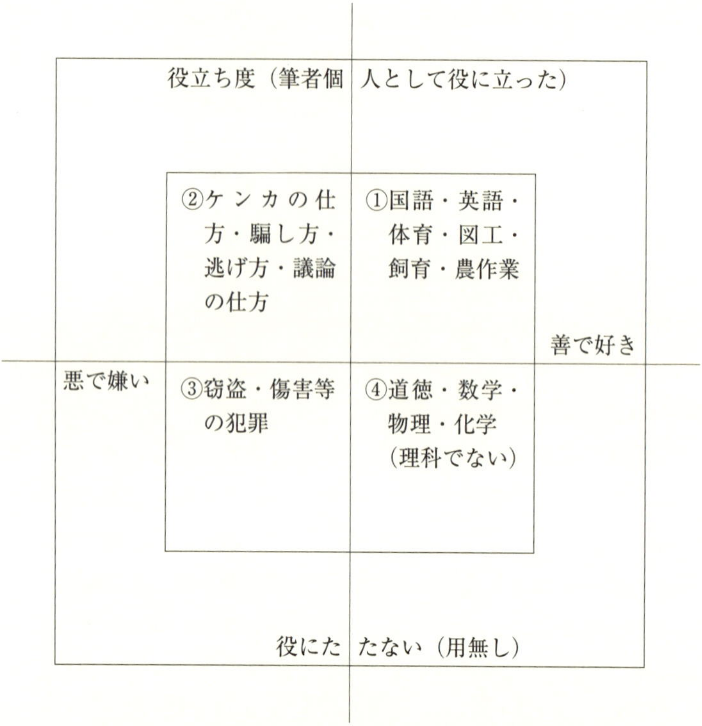

	役立ち度（筆者個人として役に立った）	
悪で嫌い	②ケンカの仕方・騙し方・逃げ方・議論の仕方	①国語・英語・体育・図工・飼育・農作業
	③窃盗・傷害等の犯罪	④道徳・数学・物理・化学（理科でない）	善で好き
	役にたたない（用無し）	

図Ⅱ-3　知識・経験の値打ち評価（筆者を事例に）

行為である。それでも、これを60年以上の人生で何もやっていないかと詰め寄られると、盗んだ……トマトや芋を取って喰ったという記憶はある。何かを与えることのできる男でないと、下級生も言うこと聞かないというような生意気な年齢でもあった。おそらく同世代の他の方の人生みたいなものを聞き取れれば、随分面白い話しが集まりそうである。ただ、不思議に「勉強がよく出来た……」を、自分で自慢する者はほとんどいなかった。そんな状況は誰もが知っていて、むしろ軽く……みなされてもいた。ケンカをしたとか、異性に振られたとか、台風のあとは栗がとれた……のあれやこれやであった。大概のところ好きな教科や嫌いな教科は、誰にでもあることである。そして、現実の生活感覚と異なる教科（筆者の場合、

数学・物理・化学等）や、嫌いな教員の教科は、筆者は苦手であった。これは多分、今でも当たっていることだろうと思う。そして、一応好きだった体育でも、短距離走や器械体操等のように、格別に苦手なものはいっぱいあった。

第6節 「正当性の訴え」と「言い訳……懺悔」の連鎖

　筆者もひとりの教員であるし、学校現場の先生方と話すことも比較的多いと思っている。また、授業のうまい卒業生は……そう……3人くらいいるが、これは筆者の誇りでもある。それが己の影響などとは思っていないが、素朴に嬉しい。また、教育実習にからまって、附属学校の先生からはよく愚痴も聞かされ、批判もされてもきた。確かに体育の授業も結構難しいし、脳天気な学生に振り回されたこともあった。ただ、季節や天気を気にしながらの授業は体育科ぐらいと、あとは学校行事の「体育祭」や「遠足」ぐらいであろうと思っている。暑い・寒いも……結構つらい条件で、だらだら動く生徒達に腹をたてながら大声を出すのも……体育科だったからかも知れない。

　筆者は、中・高校の先生達が「スポーツ部活動」の件で、よく話しをされている場にいることがある。「スポーツ部活動」に携わる教師のなかには、自分で結構大きい車（ワン・ボックス型で8人くらい乗れる）を購入して、燃料も自分で入れて、練習試合や公式戦の引率や移動をする教員も少なくない。また、生徒の保護者が自家用車を出して生徒達を試合会場に引率するケースも多い。試合会場では、監督教員のみならず、引率の親たちも懸命に応援する。

　この「スポーツ部活動」を「体育授業」と比較した時、より勝ち負けの評価のはっきりしているスポーツ部活動の指導は、教師達にとっても非常に魅惑的な活動の1つかも知れない。1回戦より2回戦へ、ベスト4より優勝をと、周囲の評価は間違いなく高くなっていく。全国大会（高校総合体育大会や国体、選手権大会）になれば、看板や応援団の話しと資金的援助

の話しも飛び交う。全てではないが、スポーツ部活動は積極的にかかわれば、それなりの反応もあるし、非常に魅惑的な活動かも知れない。生徒達との対応も極めて深いものになることが多い。そして、今回の中学校学習指導要領（2008改訂）では、このスポーツ部活動の明確な位置づけを与えている。これまでの学習指導要領（本体）では、ほとんど触れてこなかった側面であった。

　けれども、このスポーツ部活動に関する規制や習慣は、事故が起これば大騒ぎになって、行政や教育委員会から注意や勧告もあるが、数年が経過すれば元の黙阿弥になってしまう性質がある。教育委員会も、例えば、優勝はして欲しいが事故は避けて欲しい、問題は起こさないようにして欲しい……と、いうのが本音かも知れない。今更のごとく新学習指導要領（2008版、総則第4－13）と（「学習指導要領解説：保健体育編」、p170）では、明確に部活動（スポーツ・文化・科学）を記述した。これまでの曖昧であったこの活動を明文化したことはどのように捉えられるのか。これまでが曖昧であった事情も受けてか、やっている学校もあれば、やっていない学校もある。教師達の年齢が高齢化していることや、ある熱心な教員が転勤したり、定年退職すると、たちまち部活動もおかしくなることもある。また、その程度の事でも、時として事故も発生する。もう何年前か、随分古い話で恐縮であるが、香川県の某高校の野球部が、学校のバスで練習試合で小豆島の高校に渡り、その帰途バスの交通事故をおこした。多くの怪我人が出て、かつ、2人の高校生が亡くなった。運転手はその高校の教師であった。また、つい最近（2009.07.11）の事でいえば、大分県で高校野球の開会式に向かっていたバスが事故を起こし、1人の高校生がなくなった。このバスの運転も教師がやっていた。問題はこの事故があったからではなく、学校の部活動（スポーツ・文化的・科学的問わずに）が、何やら大きく分極化しつつあることである。教員や外部指導員がしっかり指導について、活動が非常に活発なところもあり、対外的にいい成績をおさめる学校もある。また、形式的に教師が引率につく程度もある。ほとんど活動が、揺れていたり停滞していたりする……これが現状であるし、期待や混

乱が渦巻いている状況でもある。先のバス事故にかかわって言えば、共にバスの運転は教員がしていたということも……痛ましい。長い下り坂やの運転や、急ぎすぎての側面接触が原因とされるが、通常に乗り慣れていない大きな車両は、免許の有る無しもあるが格別に難しいという事かも知れない。

　先にも教員の高齢化や年齢構成も影響しているとしたが、これらは根っこの部分から議論していく必要性を感じている。少なくとも、体育教員が取得している「保健体育科の教員免許」は、スポーツ部活動の指導が出来るというライセンスではない。けれども、面白いと思う指導（クラブ・部活動指導）が故に、他のライセンスを取りながらの指導もある。ただ、繰り返されてきた議論でもあるが、部活動がしっかりしている学校は、生徒達の問題行動が……少ないという傾向もあるようである。また、その正反対の事情もあからさまになっているものもある。

第7節　スポーツ界の「常識」と「非常識」

　問題が少し混線している。スポーツの世界、とりわけプロやノンプロとして成立している野球やサッカー等では、大変な給料や契約金・支度金・コマーシャル契約金が支払われる。また、スポンサー企業に所属して活動する選手達も少なくない。これらで活躍する第一線級の選手達は、金銭的なものだけでなく、メディアにも晒されて、国民的に著名なチームやアスリートもいる。また、国外に活動の場を移して活躍する人達もいる。

　一方、競輪や競馬・競艇等のギャンブル的プロ・スポーツは、選手達を育成する仕組みを組織的にもち、自らの金と責任で1つのシステムを形成している。競馬や競輪の選手は、その「養成学校」を卒業して活躍している。ここも、厳しい競争社会であろうと思われる。では、大相撲はどうだろうか。「部屋制」で、力士という選手の選抜・育成をやっている。逆に野球やサッカーの選手達は、如何に育成され、如何なるシステムで選抜されているのだろうか。全てではないが、ドラフト制での「一本釣り」があ

る。高校生の候補が多く、これには抵抗できない仕組みになっている。サッカーでも、一見「地域密着型」で動いているようでありながら、かなり多くの高校生が抜擢対象になっている。

　この選手たち、有能なアスリート達が、何らかのシステムで養成されたり選抜されたり育成されたりする事を見ながら、この世界を一般の生活者との関係でどう位置づけておけば良いのかを提案しておきたい。一言でいえば、この恐ろしく厳しい競争社会は優秀な成績をあげ、成績があがれば上がるほど多くの金が動く。この世界は、異常ではないにしても、尋常な世界でもないだろう。そこで、この金銭が舞い飛び、メディアに晒される世界は、例えとして「歌舞伎の世界」とでも位置づけておきたい。筆者が「歌舞伎」に詳しい訳ではないが、強烈に独特の世界を形成しているからである。ものすごく派手な「服装」や、強烈な「化粧」や、奇妙な「言い回し」に、鳴りものの「音」……これらは、観る人々を引きつけずにはおかない。スポーツにもこれに近い共通項がある。独特の「チーム・ユニホーム」・「ロゴマーク」・「日にやけた顔」・「鍛えられた身体」・「高度な運動技能」等々。ただ毎年、何人かの新人が契約採用されると、ほぼその数だけの選手が解雇される世界で行われている……この歌舞伎の社会が、ストレートに、われわれが日常に生きる世界の延長上で繋がっているのではない。歌舞伎の世界だからこそ、「すごいな～!!」と、観れるという世界かもしれない。

第8節　教育の世界・体育の世界

　一方、授業の世界や、教科の世界はいか様な成り立ちをしているのか。以下数点の問題に照らして問題意識を整理しておきたい。

　前節第7節に述べたように、一方にすさまじいまでの能力を身につけているアスリート達と、体育の授業で「三段攻撃ができた」と喜ぶ世界を、都合良く勝手につないではいけない。スポーツ部活動でも、年間6～800時間以上をかけて達成しようとすることと、大単元でも年間15時間で到達

しうることは、全く連続していない。また例えば、年間800時間のバレーボールと15時間のバレーボールが、同じような路線に乗っかっているとは考えようもない。教育だからここそ、その面白いバレーボールを考えていく必要がある。これこそがわれわれの課題でもある。

　こうした議論はあまり好きではないが、江刺は、運動をそれによって認識に至れる「運動認識」が想定されるとして、これを目標概念に連結させよとしてきた。また、もっとすさまじいのは、体育科は「認識教科である」とか「認識教科でなければならない」との論調がある。……という論法の「教科内容論」である。バスケット・ボールも他のスポーツも……その事（スポーツ）を直接「教育の内容」にするのではなく、他の内容（直接スポーツに関係のある場合もない場合も）を教える……その手段（教材）としてスポーツを使う……という論法である。この場合、スポーツ活動そのものは、如何なるものとして授業に位置づくのかは相当大きな問題である。筆者が担当する授業で、時折問題になることであるが、「主要5教科」と「非主要5教科」の関係を問われる。取りあえずの筆者の解答は、多分今の世には「入試学力」とも言えるものがある。それに比べての「非主要」などと言うのは、その「入試学力」に組み込まれていないだけである。そして、例えば、小学校で一番子ども達が「好いている教科は体育だよ」……という。確かに「技能教科」だの「目覚まし教科」だの言われる事もあると紹介する。けれども「入試」に絡まない分、全体としての自由度は高いとも付け加えて言うことにしている。「主要か非主要か」なんてことは、「入試学力」として、とりあえず今の生徒達で重視しているが、入試が終われば……ほとんどが忘れ去られることが多いのも主要5教科の内容であるとも伝える。そして、不思議にわれわれの「音楽・体育・家庭・美術・書道」などは、あるいは生涯活用できる「生活スキル」としても、他者との接触手段としても、まさに日常と生涯の生活そのものだ……と。60才までに役に立つこと、60才を越えたら役にたつこと……色々あっていいのだろう。

だからわれわれ、体育科教育を考える者にとって何が問題かと考える時、その問題が正当に位置づく問題であるかどうかが、まさに大問題になる。それは何の問題で、如何なる関連範囲をもち、問題の全体像は何で、如何なる性質や如何なる関係性をもっているのか……これこそが慎重に考えていくべき大問題である。

文　献

・江刺幸政（1999）：『体育科教材構成の基礎理論』、88-129、創文企画
・学校体育研究同志会（1999）：『体育実践に新しい風を』、10-27、大修館書店
・松岡重信、他（2004）：「体育科教育の相対的位置づけに関する研究　―成人調査を中心に―」、中国四国教育学会（CD版）49巻、684-689

＜本論　第Ⅰ部＞

第Ⅲ章　社会システムとしてみる体育授業

第1節　はじめの問題意識

　人文・社会学の研究領域には、否、それだけとは限らないかも知れないが、研究上極めて注意深くなければならない事項が多い。とりわけ、幾つもの雑多なものが相互に関係していると思われる諸現象を、勝手に切断したり、また、気まぐれに接合することも許されない（吉本、1982）。言うなれば、われわれの研究活動の対象（例えば体育授業や体育カリキュラム）を、どういう視点からみるかとか、如何なる「もの」として認識するかとか、如何なる動きをしているかを眺めて整理する時の視点の明示が必要になる。明らかにしたい問題事項も相互に関係性をもつし、それらが複雑に絡みあって動く（変化する）対象を論じる際の非常に重要な約束事とも言えるかも知れない。「授業は生きもの」であると多くの研究者が指摘するのもその1つの例であろう。
　また、研究の性格上複雑さを回避して単純化してしまう態度もこれまでにもなくはなかった。否、その単純化の手法の方が多かったとも言える。研究学問のカテゴリーを論じれば、研究対象の成り立ちやシステムのような現象をみれば、「人物─歴史」関係、「基礎─応用」関係、「記述─予測」の関係もありうる。また、これまでの「領域拡大」や「相互浸透」を図る必要があるということの指摘も、こうした研究態度の傾向に関係する。これらのことは、あくまで相対的なカテゴリーとしか言えないが、本論では、対象の構造や機能・動きの記述研究の「精度」を高めたいという願望がある。研究対象の諸関係の説明や記述精度が高くなると、その記述を図式的に表現できる。かつ、その上で「予測研究」への糸口を掴みたいとす

る研究態度も可能である。恐らく、その糸口を考えることは一種の「社会的実験」とでも表現されるものになるだろう。

第2節　社会システム論の示唆と適用

　先の議論（松岡、2008）でも多少触れたことであるが、今さら、何も研究対象をシステムとして認識しなければない等という主張や指摘は決して珍しい事ではない。機械論でなくとも、身体（人間）そのものもシステムとして認識されることが多いし、人間は学習システムでもあり、また心理システムでもある。運動し、揺らぎ、変化し続けるシステムでもある（成長・発達・死滅も含んで……）。このシステムが運動するのは意志だけの問題ではなく、身体システムのなせる技である。揺らぐのもシステムであり、変化し続けるのも心理だけでなく、生理においてもそうなのである。この事は、社会の仕組みも基本的にそのような性格をもっていると言えそうである……に繋がっていく。また、文化の有り様を「システム」として、あるいは「社会進化」として認識されることも多い。のみならず、知識獲得や人間の体験も、教育の内容もかなりの程度体系だっており、価値論を異常に強調しなければ、システムとしての位置づけをもっている。これらのことは、即ち、それぞれの研究の対象を、これらが如何なるシステムであるかを問う作業が必要になる。また、そのシステムが如何なる問題や、不具合を内包しているかということに繋がっていなければ、また、おぼろげなりにも見当がつかねば、「学習指導案」等という「社会的教育実験」の「仮説」、あるいは「実践仮説」が成立しないことになる。極端な事を事例にするが、ほぼ10年おきに改訂される「学習指導要領」も、大きくは１つの「社会的実験」の「仮説」でもある。言葉やコミュニケーションを大切にしようという指導要領の言説も、遊びや体力を重視しようというのも、子ども達の問題状況を解決するための「仮説」と言えなくもないからである。

　また、教育実習での学生たちの学習指導案作成も「授業実践」の「仮

説」である。そして、同時に子ども達の様子や教育内容との「かかわり」を〜のように捉え（単元観・生徒観）、〜のような手順で実践していけば（方法・手順・手段）、〜のような問題は解決できるであろう……と、いうのが「仮説」である。授業では具体的に「展開過程」にそって言えば、どのように「導入」を図り、如何に「場の設定と展開」すれば、その上でどのように「整理」すれば……教育的思惑を解決できるか……解決できたか……解決出来ていないか。解決できなければ……何が問題であったかを問うことになる。仮説を創っては、また、仮説にもどる……。ここにも循環するシステムが見て取れる。こらの文脈のなかの如何なることが主要な問題でありそうで、如何なる問題解決の可能性を構想できるかを問うていく作業が必要である。実践を積み重ね、多様な情報を収集し処理することで、この手続きがなければ、次のステップに歩みにくいことを意味している。

　問題状況は、眼前の扱う問題の「全体性や部分」との関係や脈絡と、その性格も感知できることが必要になる。問題の全体象や問題の特徴・性質は、対象としてはあくまで相対的であるが、「うまく記述できる・うまく説明できる」ということが、次の「学習指導案」の改訂という「予測研究（社会的教育実験＝実践仮説）」の最低の条件になってくる。これまでの対象についての問題の仕方がどこまで正確で、どこから間違っていたかも判別できなければ、こうした社会的実験（授業実践）は成立しないと言っても過言ではないだろう。その事を社会システム論的に、対象の全体性と部分関係性やその関係の中身を議論できれば、すべての問題が解消できるという訳ではないが、少なくとも「勘違い」や「観察ミス」による的はずれな反省や不用意なエラーは、かなり避けられる可能性がある。

　ここで伝統的な授業に関連する用語を関係用語として整理してみたい。ここでいう関連用語とは「授業の展開」に至る前の「教材観（実際には『単元観』の方が正しいと思っているが）」・「生徒観」・「授業観」のような項目である。教師が生徒たち意識しながら、私は現実的に「①のライン：私は授業を〜のように位置づけており＝「授業観」」、「③のライン：子ども

たち・生徒たちを〜の様に理解しており＝生徒観」、また、生徒達を意識しながら「②のライン：単元をこのように認識している＝教材観」……このことの表明である。指導案がもともと使われる場を考えてみれば「重要な他者」を意識したものである。「展開」だけではわかりにくいところ、あるいは何故そうするのかを示す項目でもある。いわば、考え方のストーリーである。

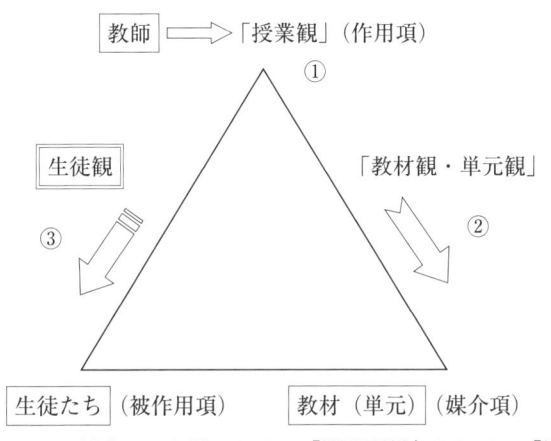

図Ⅲ－1　授業の三角形における「機能関係」としての「観」

第3節　ここでの目的と議論の仕方

そこで、本研究では研究対象、ここでは例示的に体育授業を例にしているが、おそらく体育科教育に限定されることではないと考える。授業のその構造や機能を巡って、如何なる関係性があるか、或いはその関係性はどのような機能関係にあるか等を検討して、授業の記述及び記述精度の程度を高めることが目的である。その際に、重要な概念として「運動単位」を提案したい。手続きとして、①日本の学校教育システムと授業システムの特質を整理し、②運動学習における「運動単位」の考え方を延べ、③学習指導案を1つの「実践仮説」として位置づけ、「運動単位」との関係を整

理することである。

　こうした手法を考える際に社会システム論の意味合いは大きいと考える。社会システムを論じたN.ルーマンやT.パーソンズ・北川貞輔・伊藤重行、あるいは石戸教嗣のように教育システムのありようを論じる人々の著作・論文等に依拠しながら、法体系・制度・授業・子ども達・教師らの日常に視点を当てたいと思う。「風が吹けば……桶屋が儲かる式」ではないが、われわれが、教育における関係性や全体性をみようとする際に、それらは如何なる内実をもつのか、あるいは如何なる関係性を内包しているのか、そして、それらの関係性が如何に揺らぐかの視点も設定する必要がある。

　われわれの生活世界にあるとみなせる人間の関係性としては、次の表Ⅲ－2のようなものが想定される（松岡、2008）。表Ⅲ－2は、われわれの周辺で観察される関係性を示している。これらが、すべてであるとは断言できないが、相対的に長時間で形成される関係性もあれば、即時性の強い関係性もある。また、表Ⅲ－2の内の1、2、3は、流動性・変動性の高い関係性を示すし、また、4の調枝が提案した「サイバネティックス的な相互関係」は特筆すべきものと言える。例えば、相手が、自分の思うとおりになんか行動しないという前提で、その相手の様子や反応の変化をみながら、さらに、働きかけをして目的の状況を達成するといったものがある。これらは、特に授業のような状況下で、重要な関係のもち方であるように思える。表Ⅲ－2の破線より下の1）～9）は、相対的には安定しやすいが、それ故に、逆方向に作用すると相互に大きな困惑・深刻な混乱を引き起こすこともある。

　表Ⅲ－3は、人間以外のすべてではないが、学問領域においてよく使用される鍵概念の対語関係を示した。言うまでもなく、これらを―（ハイホン）で示したのは、この間に相当のレベルのような段階を想定しておく必要がある。加えて、例えば表中3の「基礎―応用関係」は、何も一方向的な要求だけで成立している関係ではない。むしろ、双方から要求が出されるような関係を示している。6の「理論―実践関係」は、われわれの教育

や授業実践を考える時に常に問われる問題でもある。吉本は、教育にとって余りにも多くの理論があって、それでいて必ずしも実践を導いていないとした（吉本　均、1982、『現代教育科学』の連載）。

さらに、表Ⅲ－④の関係性は、片上が授業のレベルでの関係性を整理したものである（片上宗二、2008）。一部の記号は省略しているが、教師と子

表Ⅲ－2　人間にかかわる関係性の種類（松岡：2008）

1	因果関係：（遠・近／直接・間接）
2	依存関係：（一方的依存・相互依存）
3	相関関係：（統計的・相互関連的変化）
4	サイバネティックス的な相互作用（調枝）
1）	師弟関係：（師側・弟側・相互）
2）	友人関係：（一方向・相互方向）
3）	排他関係：（一方向・相互方向）
4）	恋愛関係：（一方向・相互方向）
5）	敵対関係：（一方向・相互方向）
6）	夫婦・親子関係：（生物的・社会的）
7）	信頼関係：（一方向・相互方向）
8）	競争の関係：（ライバル、宿敵）
9）	宗教的関係：（信仰的な教え）

表Ⅲ－3　もの・事に関わる関係性（松岡：2008）

1	直接因果関係／間接因果関係
2	需要―供給関係
3	基礎―応用関係
4	説明―予測関係
5	推測―断定関係
6	理論―実践関係
7	無機論―有機論
8	技術論―技能論
9	主観―客観
10	科学論―経験論
11	主体―客体
12	分析―統合（綜合）
13	単一性―システム性

表Ⅲ－4　授業における関係の種類（片上、2008）

1	同意・補足：だから〜、それは〜
2	反対・逆説：でも〜、〜と違って……
3	比較・関連：AとBをつなげると……
4	類推・例示：もし〜なら……、多分〜
5	結論・総合：つまり〜、結局は〜

ども達のかかわりの持ち方、あるいは、子ども達の発言や意志表示の仕方を例示したものである。言うなれば、「他者と接続詞でかかわる」とでも表現すべきものである。同時に話者の表情や仕草がいっそう明確な関係性を示すと言うことを示している。そこで、表Ⅲ－2・表Ⅲ－3・表Ⅲ－4の関係性を前提にして、授業中の会話や表情を介しての関係性を評価してみることが1つの方法である。これまでにあった研究方法もこれに該当する。J.Chffersは、既に70年代の後半のアメリカでは、このような授業の分析手法が2,000を超えるほど開発されたと指摘している。幾らでも開発はされるが、実践的も理論的にもなかなか難しいと指摘している（1977）。

　第2には、先にもふれたが、もとよりこれらの関係性は揺らぐという性質をもっているとした。その事をふまえながら、特定の授業中の教師達と生徒達の発言分析を試み、関係性の類推評価を試みることも、80年代の授業研究や研究授業が盛んであった頃によく試みられた。おそらく関係性やその変化や、その関係性の豊かさが、授業の評価と大きく関係しているであろうという見込みがある。

　加えて、もう一つの指摘が気にかかっている。それは「優れた授業」をこそ＜観察の対象＞にすべきとか、普通の＜ありふれた授業＞では何もわからない……と、いった指摘である。われわれは、客観的であることだけに価値をおかねば、そして関係性とその変化をこそ見ていこうとすれば、対象は如何なる授業でもよい……と、考えている。何故なら失敗した授業の何がまずかったかを浮き上がらせることが出来るなら、それはまずい授業でなければ出現しないからである。そして、多くの場合、子ども達・生徒達と教師との会話や、目線や表情をみておれば粗方は理解できることで

ある。少なくとも何秒おきかに何かの基準（物差し）に照らして判断し、記録しなければ分からないことでは……多分ないだろうとした。

第4節　学校教育の記述研究

第1項　日本の学校教育システムの記述

　日本の学校教育は、言うまでもなく教育関連法体系や制度的側面によってほぼ規制され、具体的に運営されている。教室の大きさから、窓の取り方、照明の具合、教員の資格・給料体系等がこと細かに定められている。同時に、校長や教頭に限らず主管等の職員室のラインの強化も、また、学級担任や教科担当のスタッフの職務のみならず、校務分掌等の分担業務が割り振られる。教師サイドのシステムは、原則協議と役割確認分担で動くシステムである……と思われるが、学校規模（生徒数）によってかなり変化するし、各学校の伝統や文化性によっても大きく変化する性質がある。この学校の文化性は、如何に法規上の規制によって運営され動いているにしても、結局のところは、教師同士や子ども達・生徒達との人間の「かかわり」として動いているというのが大前提である。

　ところが逆に、各授業への対応は、個々の教師が個々に対応すべき問題と考えられがちある。と言うより、個々の教師が、自己ペースで対応するような形になっているのは、ほぼ授業だけと言っても過言でない。つまり、多くの教師にとっての職務内容が極めて多様化してしまった。それは職務の多くが、時間調整・意識統一等を必要とすることが最近特に増えてしまったことにある。研究活動・研修活動の学校全体にかかわることや、教科にまたがる事案、「総合的学習」の時間の分担や運営など、学校行事等の多くが他の教師との打ち合わせや意見調整の必要な案件が非常に増加している。これらは最近の10年間の学校教員の職務内容の変化と特徴と言えそうである。勢いそのための打ち合わせや、校外指導や報告義務の報告書類作成の時間の合間に授業をこなすと言ったことが、より深刻に拡大して多発している。結局、この「打ち合わせ」や「意見のすりあわせ」等が

教師達を「多忙化」と「疲弊化」に追い込んでいる。さらにその特徴は、時間とともに1つ2つと、やらねばならない事がなかなか片づいていかないことにある。相当の期間ず〜と「気がかり」の種を抱えたまま、他の事案を処理しているような状況がある。

　加えて、生徒達への対応や、あるいは親達への対応が、結構難しく……問題やトラブルも著しく増加している。これらの状況に附随して、一般論としても教育職は、「難しい職業」と思われる側面も浮上している。それらは各府県等が実施している教員採用試験の倍率にも現れている。

　そして、何より現実的な目で、学校教育や教員の動きをみると、法体系上の矛盾や不条理も顕在化しつつある。例えば、教育基本法（改定：2007）の第1条に示される「教育の目的」は「人格の完成」や「平和的な国家及び社会の形成者」と示されることと、学校や教員の様態とは、如何に水準の異なる事案とはいいながらも、余りにも乖離している。学校教育法（抄）においても、義務教育の「規定する目標」は「社会的活動」や「自主・自律・協同の精神」等、第二章第21条に10条項以上の……とても覚えきれない、意識しておれない目標記述がある。おそらく、先にもふれたし、後にも触れるが、沼田裕之が根本的に指摘する「日本の教育は目標など持とうとしなかった」と表現するところが……この状況を裏打ちしている。

　そして、学校は確かに各教科の授業や行事等・特別指導も含めて、子ども達を教育している。それらの事は、真に子ども達・生徒達の人格の完成や、国家の形成者となしえているかの反省はあって然るべきであろう。けれども誰も……何も責任をもたない「教育審議会制度」で事を考える……その結果、誰にも責任がなく文科省も審議会制度に従っただけと言う。この恐ろしい程の無責任システムを改めることが最も急がれることかも知れない。

　かって、学校批判論を展開したE.ライマー（E.Reimer, 1971）らの指摘は、脱学校社会の形成とも言うべきものであった。それでは、日本の学校の本音の部分かも知れない側面を静かに眺めてみたい。高校や大学を、ま

第Ⅲ章　社会システムとしてみる体育授業

た、職業や企業をランク分けして、それに対応した受験体制を厳しく維持してきたのが現実の学校であった。上級学校に進学することや優良企業へ就職することや、官僚職への就職に向けての輪切り教育を徹底的に行ってきたシステムが、時々に様子を変え表現を変えながらも、そのまま温存されているのである。こんな事は、日本の教育システムの底流や前線で誰もが意識している問題でもある。その上で、学校の「大綱化」や「特色のある学校づくり」、「特徴のあるカリキュラムづくり」等ということが、如何に理不尽な要求であるかは関係者ならほとんど意識しているといえるだろう。教科の内容も、生徒達に長期記憶化され、如何に経験を深めるかを……求めている。けれども「学習指導要領」や関連の法システムに100％従うことを求めながら、また、現実に輪切りの状況があることを承知しながら、「ゆとり教育」はうまく行かなかった。そこで、再度授業数を増やして、言葉では言わないが、競争主義的な学校運営をまた強調しようとしている。戦後だけでも、どこにある街でも田舎でも同じ教育をうけることができる……これが日本の教育の大きな特徴であった。それが何と、「学校が工夫せよ」、「特徴を出さねば潰れるだけだ」……と、差別化を図らねばならないとして、「それは貴方達（教師）の責任だよ、……教師が努力せよ」、というのも、ここまで来ると矛盾を越えて「大嘘つき」そのものであろう。あちこちで試みられている「小・中連携」や「中・高連携」の教育などが本当に教育を変えていくことに繋がるのだろうか。

　こうした性質は、後に別項でも触れるが途上国の特徴でもあって、学校へ通うことのメリット（就職選択・進学）が浸透しないと就学率がなかなか向上しない事実がある。そして、学校が最終的にやってしまう事の大事は、「いい子・悪い子・普通の子」という選別機能を大きく発揮してしまうことである。結果として、親も教師達もそれを受け入れている。こうした側面は当面、少子化が進んで受験学力育成や選抜機構に大きな変化があっても、また、その事が表面上余り意味をもたなくなっても、大学が全入時代になっても、続いてしまう性質かも知れない。新教育基本法にも記される目標記述などが、実は空々しく響く現実がある。ある種シンボリッ

クで、究極の教育の目標記述でもあると解釈すべきかも知れないが、「日本の教育に『目的』などというものはない、いや、持とうとしなかった」と、沼田は断言するのも理解できる。そして、ある意味シンボリックな目標指示あるいは目的記述は、間違いではないにしても、日々の教師達の活動とは直接コンタクトしにくい性質をもっている。これは、どの様な教科にもあるし、とりわけ主要5教科は内包しがちである。むろん、部分的には非主要5教科にも認められる。

第2項　教育による格差の再生産

　『格差社会』の指摘は、21世紀に入る頃より盛んにメディアでも取り上げられてきた概念である。労働者の雇用形態や収入問題との絡みでは「賃金格差」、病院や診療科がなくなっているという面では「医療格差・健康格差」、学校教育にからまっては「教育格差」・「学力格差」というように、社会的平等性の崩壊と、不平等の拡大が指摘される。ほんの数年前まで日本人の8割以上が「中流である」といっていた時代と、完全失業者360万人、ワーキング・プアーが260万人以上いる……この格差感は何なのか。
　日本型システムの危機が、厳しく問われている問題である。言わば戦後60年かけて作り上げた「受験学力」に関しても『能力格差』があると言える。「受験学力」を保証しようと言う学校群と、現実にはそうしたことを願うべくもない学校群がある。導入された「総合学科」は、それに参画した学校を学力的に引き上げたのではなく、相対的には引き下げたともされている。教育の政策的問題でもあるが、同時にシステムの軋みや齟齬が、あちこちに表面化している。どう考えればいいのか、というより本音の教育・現実の教育をシステムの働きとしてみる態度が必要であろう。生徒達の誰もが「受験学力」で「いい子」になる必要はないが、若い世代に、今こそ何を伝えるべきかは、教科はどう組織化されればいいのかにも連動する極めて重要な問題といえる。
　制度的に硬直化が進み、教育システムを如何に構築して行くかというビジョンが示されていない現実も意識しておく必要がある。新教育基本法で

第Ⅲ章　社会システムとしてみる体育授業

すら全体を示し得ておらず、かつ、解釈を誤ればとんでもない悪法になりかねないという指摘もある。乱暴に学校の経営・運営の仕組みをライン化させ、教育職能を曖昧に評価する基準が、強引に導入されてきている状況もある。モノの生産・運搬・販売や貿易と同じような「自由競争の原理」・「経済主義の原則」で競争させればよいとする、システムの「体質」がもたらせる悪影響は相当に大きいと考えるべきである。学校区を自由化（部分的ヴァウチャー）する、モンスター・ペアレントに言いたい放題にさせて放置している。放置どころか利用しようとさえしている。ここにも「現実認識の格差」や「信頼感の格差」が認められる。具体的な個々人の児童・生徒達に向かう親たちは、多くの場合「わが子主義」で、時として特定の教員や学校・教育委員会を責め、攻撃する。教師達も、表向きには「クラス主義」や「クラブ主義」で事に望む……こうした「格差問題」が大きく揺らいでいる。今までの「学習指導要領」ではほとんど記載のなかった「課外活動（スポーツ・文化・科学）」を「総則」に明文化した。この明文化による総則の記述は学校教育のなかの営みからみれば、いくつもの問題を含みながらであるが、何を今更という感想もある。

　日本の学校教育の社会システムは、既に自由競争などという前に、ほとんど明確に序列化されてしまっている。また、学校も教師たちも、結局はこの「学力格差」を再生産してしまう。しっかり勉強する者も、しない者も、逸脱行動で授業妨害する者も、考えてみれば「学力格差」は、当然の帰結であろうと考えてしまう。そして、結果責任は、児童・生徒側から教員や学校に向かうのは不条理そのものである。こうした社会システムにおいて、指摘されるポイントは、「機会平等」ということ、そして「結果不平等」ということ……だけかも知れない。

第5節　体育授業における諸関係の記述

授業という制度的な教育のシステムには、4種類のサブ・システムが作用しているとした（松岡、2008）。先ず、「①目標―内容―方法……」系の、

```
1) 教材観（より正確には「単元観」）
2) 生徒観（「子ども観」）
3) 授業観（「指導観」）
4) 準備物
```
図Ⅲ－4－1　学習指導案の形式の共通項

	教授活動	学習活動	留意点	（評価観点）
導入	・	・		
展開	・ ・ ・	・ ・ ・	・ ・	
整理	・			

図Ⅲ－4－2　一般的な学習指導案の意味と形式

	予想される学習活動	教師のはたらきかけ	留意点	（評価観点）
はじめ	・ ・	・		
なか	・ ・ ・	・ ・ ・	・ ・	
おわり	・	・		

図Ⅲ－4－3　一般的な学習指導案の意味と形式

第Ⅲ章　社会システムとしてみる体育授業

4つの三角構造機能	どこに……ある	どういう特徴を……
A系： 「目標―内容―方法」 　　の3者の循環	教師自身の意識や像として……あるもの。生徒にも転化しうる。	得てして、その場凌ぎで循環しないことが多い。
B系： 「教師―教材（単元）―生徒」の3者の循環	どこからも観察可能な姿として対象化されるもの。しかし、意味づけの違いが発生しやすい。	3者の動きは可視的であるが、その内的には不可視的であることもある。
C系： 「Plan―Do―See」 　　の3者の循環	単元や本時・場面にかかわる意識された評価関数として。	時間的にスパンが異なり、Aのスパンをより限定したものと言える。
D系： 『「選択的注意」―「状況判断・評価」―「行為の選択・実行」』の3者の循環	教師の価値基準に対応して、刻々と変化する状況の評価・修正	スピードを要求される性質と、言うべきはきちんという。

図Ⅲ－5　授業の中に（教師の中）にある諸関係

いわば「教科教育学的系の性質」でである。この命名は教科教育学の構想が議論されていた頃の案の1つで、特に広島大学がのちの講座編成を考える際に用いた命名である。のちに様々なトラブルの元になっていた。また、第2として授業の外見上の様態を示す、あるいは、実在して何らかの相互作用をしている「②教師―教材―生徒」の「実体系」ともいえるサブ・システムがある。これは、従来からの「授業の三角形」そのものである。第3に「③Plan―Do―See」にかかわる「経営上のサブ・システムが」ある。加えて、もっと短時間の作用として、④「選択的注意―状況判断評価―行為の決定実行」が考えられる。これは、中川が集団スポーツにおける「状況判断モデル」として示したものを改変したものであるが、こ

れは同時に吉本が強調する「素早い判断」でもある。これらは、共にあわせて「4つ授業の三角系」と呼んでもいいものであろう。

　そして、①は事前の「イメージ」として教師によって保持される。②は、外部からも観察可能な授業中の発言や諸活動の相互作用である。③は授業の前後に、大小幾つかのループをもって授業の運営に作動する。④は授業なかに絶えず作動して目的からの「ズレ」を修正したり、注意を喚起したり、励ましを与えたりを即刻的に行うものでる。基本的には教師の価値判断の基準に従うものでもある。そして、これらの4つのサブ・システム（系）は、またそれぞれが相互に関連している。通常これらの諸関係は、「学習指導案」の形（図Ⅲ－4－1、図Ⅲ－4－2、図Ⅲ－4－3）で表現される部分が多い。この「学習指導案」は一般的に定まった形式をもっている訳ではない。けれども、最も重要でもっとも難しいといわれる図Ⅲ－4－1の「教材観」や「生徒観」は、自らの立場や考え方を表明する項目でありながら、例えば、教育実習生などには非常に難しい項目でもある。図Ⅲ－4－2や図Ⅲ－4－3の形式に従えば、時間軸上では、「『導入』―『展開』―『整理』」といった時間上の意味づけがなされる。また横軸上では「『学習活動』―『教授活動』―『留意点』―『（評価の観点と方法）』」といった区分されることが多い。『評価の観点と方法』の項は、最近強調されるようになっているが半ば既に形式化している。従前にはなかった項目であり、最近の学力構造を「興味・関心・意欲・態度」等の即刻的客観性を求められる要求でもある。この即刻的評価は難しいが、教師サイドから観察していることで、ほぼ判断されることであろう。

　これらの諸活動を示すものの中で、4つの授業の三角系の関係性は、図Ⅲ－5に示されるようにA系・B系・C系・D系と名付けると、それぞれの4つのA・B・C・Dが文脈性をもって相対的には独立性をもちながらも、それぞれの＜A―B―C―D＞の系同士がまた干渉しあう関係をもっていると想定する必要がある。その場合、AB……のそれぞれが、どこにどういう形で存在するかと問えば、多くの場合それぞれが、教師たち

第Ⅲ章　社会システムとしてみる体育授業

の内なる心的相互作用としてある……と、思われる。

　こうした心的相互作用は、授業の以前に多くの場合、学習指導案の形で表現されることになる。これは通常の学校の教員の日常において、授業毎に詳細（精案の形で）に記述される訳ではない。むしろ、略案や授業カード（メモ）のような形で教師達は保存している可能性がある。けれども、「教育実習」や「公開研究授業」・「授業研究」をする際には、必修の手続きでもある。大きくは、図Ⅲ－4に示す時系列の文脈では「導入・展開・整理」といった形式をもつ。内容的文脈では「学習活動・教授活動・留意点（評価観点と評価方法）」等の項目で設定されることが多いといえる。

　さらに加えて、①「教材観（単元観）」、②「生徒観」、③「単元時間数」と「次（つぐ）構造」、④「単元目標」や「本時の目標」、⑤「展開（学習）過程」における「幾つかの場面設定」、⑥必要な用具等の数、これ等の項目が設定されることが多い。ただ、決まった形式や項目順をもたず、また人によって異なった言葉が使用されることはある。また、内容や考え方については、「略案―精案」といった詳細さのレベルが異なるものもある。「教育実習」や「公開授業研究」や「研究授業」では、基本的に「～のような授業が実施される」と、言うように他者を意識して公言するものが多い。あるいは、また、略案形式で自分のファイルとして記憶化させているケースもある。こうした形式や項目の立て方は、場合によっては学習指導案の形式が内容を規定しまう可能性も持っている。

　われわれは、こと体育授業を想定するだけでもいくつもの系が存在することを意識するし、それらがまた相互に影響し合っていることに触れてきた。この指摘は、例えば「目標」と「内容」と「方法」の、この3項目の関係を問題にすること（多くは「一貫性」として問題にすることが多い）ではなく、この「目的―内容―方法」が、他のサブ・システム（系）とどう関係するかを検討する必要がある。

文　献

- 例えば、医学では臨床（内科学・外科学……）と基礎系の（病理学・解剖学……）等の関係が典型的であるが、同時に双方からの特異的要請が相互に影響を与える。また、例えばKJ法を提案した川喜多二郎は、人体や社会や文化を捉える学問に「記述研究」と「予測研究」のカテゴリーを提案した。
- 伊藤重行：『システム哲学序説』で、「一緒にまとまってある」ということを知り、各部分が相互作用し、相互依存し、相互存在・相互進化があるとした。p.iii、頸草書房、1992
- 前掲書 p. 1
- 菅原和孝（1993）：「遊ぶ身体」、『身体の人類学』所収、158-182、河出書房
- N. ルーマン（佐藤勉監訳）（1995）：『社会システム論（下）』、743-750、恒星社厚生閣
- 松岡雅裕（1998）：『パーソンズの社会学理論』、145-148、恒星社恒星閣
- 石戸教嗣（2000）：『ルーマンの教育システム論』、164-182、恒星社厚生閣
- 石戸教嗣（2007）：「教師不信」というリスク」、リスクとして教育』所収、世界思想社
- 伊藤重行・北原貞輔（1991）：『日本的システム思考』、28-51、中央経済社
- 伊藤重行（1992）：『システム哲学序説』57-86、勁草書房
- 調枝孝治（1979）：「体育授業のダイナミックス」、体育科教育、27（7）、13-15
- 片上宗二（2008）：「『どう育つか』ではなく『どう育てるか』、学校教育、No.1087、6 -11
- 小林　篤（1975）：『授業分析入門』、60-69、明治図書
- 大森　修（2006）：「制度の不条理を問う」、現代教育科学、No.593、95-99
- E. ライマー（松居弘道訳）（1995）：「特権の制度的支え」、『学校は死んでいる』所収、107-126、晶文社
- 山本哲士（1996）：『学校の幻想教育の幻想』、ちくま学芸文庫
- Bharat Nepalli Pyakurel (1997)：A Glimpse of Secondary Education and Professional of Tearcher Education in Nepal, Tearcher Education for the the Effective Use of New Information Media in School, 131-140
- Jhon.Cheffers (1977)：Observing Teaching Systematically, Quest Nomograph, 28, 17-28.
- 沼田裕之（1995）：『教育目的の比較文化的考察』、9 -16、玉川大学出版会

・大槻和夫、他（2007）:「21世紀の教科教育学を考える」（日本教科教育学会シンポジウム報告）、日本教科教育学会誌、29（4）、55-66
・菱村幸彦（2007）:「やっと戦後教育が終わった」、現代教育科学、No.609、8-10
・松岡重信、他（2008）:「生涯スポーツ構想に関するシステム論的考察―場の確保とシステムの特徴の観点から―」、日本教科教育学会誌、第31（1）、31-40
・H.T.A Whiting : (1972) Theoretical Framewotks For an Understanding of Acquision of Perceptial-Motor Skills, 24-34, QUEST 17

第Ⅳ章　体育科教育における「運動単位」と「学習指導案」

第1節　学習指導案≒実践仮説という発想

　これまでも繰り返し述べてきたが、体育科教育では、多くの場合「体育実技」として位置づいている身体運動やスポーツ的運動の学習が対象の内容になることが多い。いわゆる運動学習（Moter Learninng）として特化されやすいところである。その際、人間の情報報処理系としての運動学習や、運動記憶やプログラム形成論として語られる運動学習論がある。細かくは、生理学が提唱するような骨格筋の「スライド・セオリー」も「大脳運動野」の運動記憶も、運動もしくはスポーツ的運動が、教師との授業として行われる全体性を説明しているものではない。運動を身体化するスキル論も、客観的な運動技術論もあげれば限りないほどの理論的バックグランドがある。TOTE（Test-Operatete-Test-Exit）理論も70年代に発表されたし、80年代には、クラインもスキナーやパブロフ理論を学習や発達に関係する問題として取り上げてきた。幾つもの学習モデルも出された。運動心理学が得意としてきた運動学習モデルではあるが、必ずしも体育授業の全体性を示し得ていないのは残念である。何故なら、授業のような学習過程・集団過程ともいえるものでは、「運動—個人」のみに限定されることなく、「競争—協同（佐藤　裕、1982）」、「興味や好奇心の強さ」、「積極性と消極性」と言うような影響素因や、その変化が当然想定される。このモデル化については後に触れるが、われわれがシステム論的示唆を得たいと思うのは、この体育授業という営みの全体性をどう描くかということである。また、授業論を形成する要素的ともいえる先に提案した「目標—内容—方法」等の4つの系は、「日本の体育授業をおおよそ規定している＜学

第Ⅳ章　体育科教育における「運動単位」と「学習指導案」

習指導要領＞」で示せば、表Ⅳ－1のようにA～Hの8領域に分類されている運動群や体育理論・保健である。

さらに、ここで扱われるそれらの運動は、学習指導要領においては、その「特性論」とやらで、表Ⅳ－1のように区分されている。ここで言われる特性論は、「構造的特性」や「機能的特性」論のことを指すと考えてよいが、これは例えば運動そのものにそうした特性があると言うのは問題である。確かに、運動やスポーツは、その実施される形式が異なり、またルールも、さらに、それぞれの運動やスポーツの発生（創出）時期も、創出過程も地理的場所も異なっている。けれども、運動の仕方や、スポーツそれ自体が何らかの特性をもつというのは奇妙な論理と言わねばならない。何故なら、多様な運動やスポーツを学んだり、実施する側の児童・生

表Ⅳ－1　中学校における学習指導要領の体育分野

体育分野	領域名称	内容例示
A領域	体つくり運動	からだほぐし運動、体つくり運動、他）
B 〃	器械運動	マット（回転系、巧技系）、鉄棒・マット、他）
C 〃	陸上競技	走（短距離、リレー等、跳・投、等
D 〃	水泳	クロール・平泳ぎ、背泳ぎ、バタフライ他）
E 〃	球技	ゴール型、ネット型、ベースボール型
F 〃	武道	柔道・剣道、相撲、他）
G 〃	ダンス	創作ダンス、フォークダンス、リズムダンス）
H 〃	体育理論	スポーツの理解・意義、文化性、等
保健分野		身体の理解、健康と環境、傷害、等

※平成20年版中学校の学習指導要領から

徒がどう感じたり、どのように学習するかの問題にはなっていないからである。運動を学習する・スポーツを体育授業で学習する際には、体育授業固有の要求や固有の理論を必要としている。重要なのは、おそらく教師の目的意識や生徒達へのその目的の転化、また、如何にすれば、生徒達がうまく学び、如何に満足するかの一点に集約されるべき問題である。これは

授業を対象とする研究（体育授業学）の成立を構想提案していた小林　篤に準じた問題意識でもあるように捉えている。また、現代教授学を志向してきた吉本　均の問題意識に従えば、教師の側に視点は当てられているが、「技術的能力（アート）」でもあり、「思想家的な仕事」でもあると指摘している。『体育の授業学』といった発想に対して、これまでおそらく最も貢献のあった研究者は、K.マイネルと言えるのではないか。彼は、身体運動の種類や、その構造・成り立ちや教授行動のありようまで言及した運動学の代表的な学者である。身体運動の種類を大きくは「循環運動」・「非循環運動」等に区分し、また、その局面構造に関しては「準備相―主相―終末相」として表現し、特徴づけてきた。これだけがマイネルの貢献ではないが、非常に大きな意味をもつと同時に、体育授業のありようや運動の捉え方にも影響を与えた人物であると言える。

　また、こうした身体運動の指導や指導過程の問題の仕方では、かっては「段階（論）的指導」や、「全習法―分習法」として議論された歴史をもつが、われわれは、まだまだ確たるものには到達していない。われわれが、ややもすればやってしまいがちなモデルを論じるものも多い。この多くのスポーツの指導書（専門書）や、そこに示されるモデル（写真や図解）は、授業の延長上に位置づけるのは、模倣すら出来ない程……困難なものが多い。すごい選手達のプレーを示していることが多い。モデルではありえても真似はとても出来ないに近い状況がある。これらの図書の読者は、やはり中・高生でも部活動でうまくなりたい人達に限られるだろう。

　そこで、中学生や高校生がなし得る、或いは到達しうるという前提で、かつ、学習指導案や前節の図Ⅲ－1の関係性に近いと思われる運動やスポーツ的動作をどう描くかの問題に取り組んだ。われわれが指導実践を試みたり、あるいは指導上の仮説（以下「実践仮説」とする。）は、ある先行問題に対して、「～を○○のように考えたり」、また、「～を△△のように実践」してみれば、「先行問題をうまく解決出来るのではないか！」とする「実践仮説」の設定である。そして、そのことは「単元計画」や「本時授業」の「教材観」や「児童・生徒観」として描かれてきた事項でもあ

る。また、図Ⅲ－5（p.61）でいえば、AでもBでもC・Dでもあるという関係性をもっていることになる。

第2節　「運動単位」を考える前提理解

　『歩く』・『走る』にしても、『泳ぐ』にしても、K.マイネルはこれらを循環運動の最たるものとし、局面構造的には準備相と終末相が重なっているとした。これらは、ただ普段の生活上で何か不都合な問題があるのではない。例えば、遠足で20Km歩くとか、40Kmを超えるフル・マラソンに出場するとか、登山で3,000mに挑むとなると、俄然現実味をもった問題になる。続くかどうか……が問題になるし、それで速さを競うとかなると大問題になる。自転車でも1〜2Kmをこぐ場合にはさしたる問題もない。けれども100Kmの山坂を走破するとなると、覚悟を決め、勝敗よりも走破するだけでも、数ヶ月のトレーニングが必要だということになる。また、小学校1年生にとってみれば、5〜6mを泳ぐことは何とかなるにしても（1息クロール）、25mや50mをクロールで泳ぐのは、これは大変だ……ということになる。この際には「呼吸」の安定化が課題になるし、同時に身体の四肢や体幹部をどうバランスとっていくかということと連動している。われわれの身体運動とて、実は巧みに形成されている生体システムの運動は、単にエネルギー系の運動という側面と、サイバネティックス系の言わば情報処理という側面をもっている。否、もっと複雑なのかも知れない。では、こうした『歩く』・『走る』・『泳ぐ』・『ペダルをこぐ』という動作だけが局面構造をもつ循環運動であろうか。ここで幾つかの運動や動作を事例にしながらみていきたい。

　一方、他の運動を眺めてみると、バレーボールのパスやトス、テニスのストローク等は、『見て―動いて―構えて―打つ―（さらに動いて……）』という構造的意味づけが可能である。われわれが、運動の局面構造や「運動単位」を持ち出す理由は、多様に展開されている授業での運動を、どのように分析して、どのように組み立て、どのように教えるべきかを考える

視点がここにあると思われるからである。ここでは、すべての身体運動を対象にしうる程の一般性を述べたい訳ではなく、多くは球技系の運動を対象にしている。これは、バレーボールでいうなら、パス・トス・サーブ・アタック等に固有の形式をもちながら、一方に「ボールを見ながら」、<「動いて」・「構えて」・「打つ」>という共通性をもっている。さらには、「ボールや相手を見ながら」、<「動きながら」・「構えながら」・「打ちながら」……>と言うように「～しながら」のフレーズによって重複させていく。図Ⅳ－2は、ここでの記述をまとめたもので、図Ⅳ－2全体が、スポーツ的動きの全体を意味している。このように運動やスポーツ的動きを見るとき、この検討から授業における教材研究とも関係して、ある程度確信のもてる指導法や運動の提示の仕方についての改良を導ける可能性を感じる。

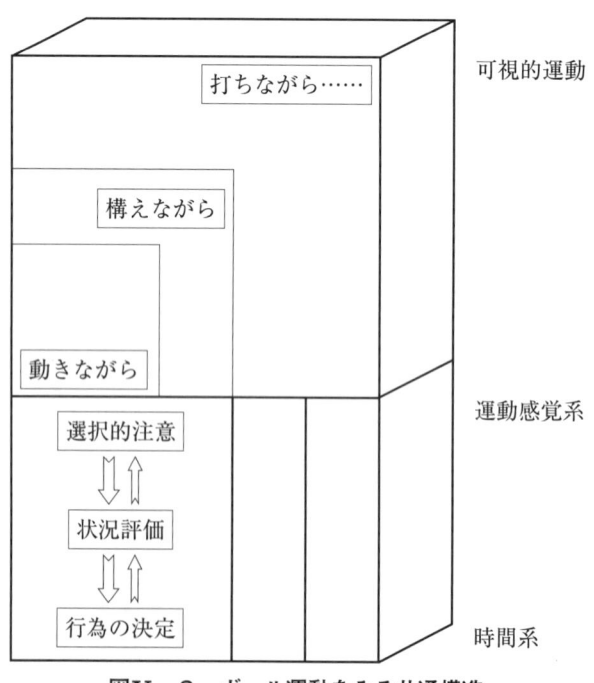

図Ⅳ－2　ボール運動をみる共通構造

第Ⅳ章　体育科教育における「運動単位」と「学習指導案」

かって、先人たちが指摘したように、長い人類史において、如何に早く走れるか、弓を正確に打って獲物を捕れるか、どうすれば槍をうまく使って敵を倒すか……等々の何らかの運動課題を解決しようとしてきた歴史がある。運動が文化的性格をもつのも、そうした歴史や工夫のあとがみれるからでもある。佐藤は、生物学上の概念である「系統発生」と「個体発生」の用いて、運動やスポーツの歴史的発展を取り上げた例もある。その上で、「個体発生は、系統発生を繰り返している……」のではないかと考えた。これらの事は、人類史での直立歩行の獲得や、上肢の器用化にも典型的にみることが出来る。これは人間の子どもが生後約1才齢前後に歩行を獲得するプロセスにも観察することが可能である。ここに運動学習の初期的な典型を観ることが出来る。先ず、図Ⅳ－3を参照してほしい。むろん、このほぼ7段階の成長と運動学習の経緯ともいえる段階には、父母を中心にした多くの人々が、愛情に満ちた目や手でかかわっている。子どもの成長に目を細める人々が積極的にかかわる事実もある。また、その子どもは、その励ましや褒めに応じようとする。このような大雑把な順序性をもって乳児は歩行を獲得する。それでも時間的には遅速様々である。ここに運動学習の最も初期的な姿と、最も愛情に満ちた相互のかかわり（素朴な教育）が認められる。これは、あるいは教育の原型かも知れない。

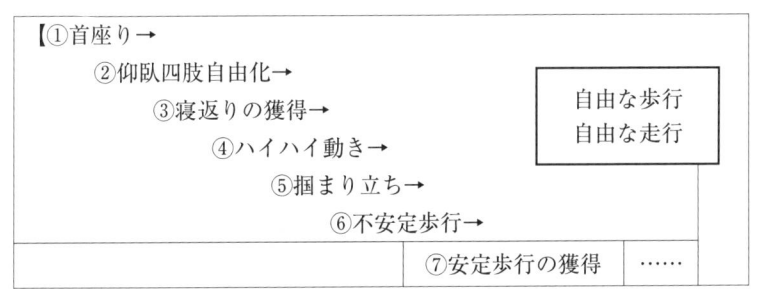

【①首座り→		
②仰臥四肢自由化→		
③寝返りの獲得→		自由な歩行
④ハイハイ動き→		自由な走行
⑤掴まり立ち→		
⑥不安定歩行→		
	⑦安定歩行の獲得	……

図Ⅳ－3　幼児の歩行の獲得段階

第3節 「運動単位」の提案

われわれの身体運動は、その運動自体が運動を実施することにおいて、何らかの意味をもっている。加えて、特にスポーツ的運動も、競技としてみれば極めて高度化している背景がある。ここで、表Ⅳ-4のようなレベルでいえば、一人の細胞数を60兆で計算すると120兆の天文学的な数字の細胞が対立したり共謀したりしていることになる。この表Ⅳ-4は、一見多様な運動を外面的特徴で示しただけの形であるが、競技の形式やルールの変遷を問題にするのではなく、運動の発揮のされ方をベースにした単位の設定である。対人運動や集団運動も含んで成立していることを示している。すべて個々人の運動の仕方が最小の単位であって、同時に実施するものにとっての位置づけや意味づけでは、個人対個人をベースにしている。その意味では、運動の繋がりにおいてフラクタルを形成していることにな

層	分類	運動の規程と運動例
Ⅳ層	集団運動 n人	複数の敵・味方を想定して共謀する：運ぶ・守る・打つ・妨害する・騙す
Ⅲ層	対人運動 2人	相手を想定して成立する：パス・アタック・打つ・はたく
Ⅱ層	個人運動 1人	個々人のパフォーマンスで：歩く・走る・跳ぶ・泳ぐ・振る
Ⅰ層	身体内諸関係 ・エネルギー系 ・サイバネ系	四肢関係系・心理システム系 運動―感覚器系・体力系 筋肉・臓器・器官レベル ： 細胞（60兆）の相互作用

図Ⅳ-4　身体運動の分類と階層構造

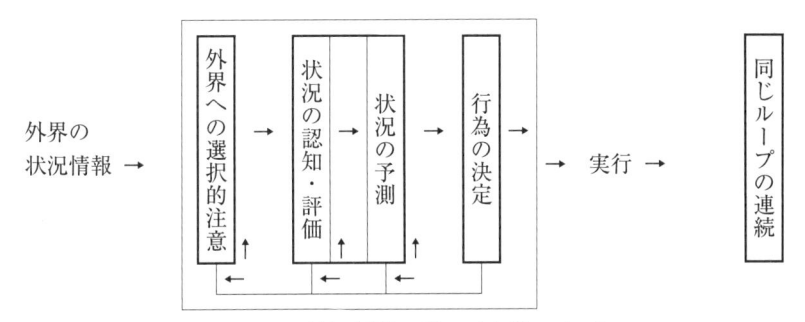

第Ⅳ章　体育科教育における「運動単位」と「学習指導案」

外界の
状況情報　→　　外界への選択的注意　→　状況の認知・評価　→　状況の予測　→　行為の決定　→　実行　→　同じループの連続

図Ⅳ-5　状況判断モデル（中川：1988）

る。このフラクタル（自己相似性）を形成しているということと、学ぶ時に難しいとか簡単であるということは直接関係していない。かって、『易から難へ』あるいは『単純から複雑へ』といった学習すべき運動の構成上の原則があった。これも、ここでは直接的には関係がない。少なくとも、如何に複雑な運動でも、一番元になる運動の捉え方では、個々人が自身の四肢を操作して、姿勢と体幹連結部のバランスや、四肢の動きのタイミングとかが「動きの質量」を決定すると考えた方がよい。

　図Ⅳ-5は、中川が示した「状況判断モデル」である。大きくは例えばの状況判断のプロセスを示している。それぞれの身体の運動で、働きかける対象が、ボールであるラグビーやサッカーのような集団ボールゲームを意識してモデル化されているが、図そのものは個々人の状況判断にかかわる情報処理かバットであるか、竹刀であるか、或いは味方へのパスであるか、キーパーを避けてのシュートであるか等を含んでいる。それでも、一人ひとりの運動が例えば、妨害をさけてパスを成立させる為にどのような条件を必要としているかは、双方の共同作業には違いないが、1人でやるより2人であるいは3人でやる方が「容易」であると思われるものと、その複数の参与の人間による「共謀」のために、さらに難しい情報処理をしなくてはならない。ここに連携プレーやタイミングのはかり方などの新たな課題がでてくる。それらを含めても、共に個々人の運動の仕方の問題といえる。

それ故、かっての「全習法─分習法」というように、「ゲームをする」のが全習法で、「パスの回し方・ゴールの仕方」をするというのが「分習法」という類の把握の仕方は、一面的にならざるを得ない。問題は「全体─部分」という関係性は、シュート１つの中にもあるし、パスを渡すということのなかにも「全体性」がある。ただ、人間の情報処理として、何がやりやすいか、あるいは、どう発展させやすいかが問題になる。

　人数や得点形式やルールの有り様は、多様な競技の特徴を浮き上がらせているが、如何なる時に、如何なる運動を起こしてるかの記述はそれも個人単位であるとしてきた。それでは、個々人の運動は、「打つ」・「捕る」・「構える」・「走る」・「歩く」・「跳ぶ」等は如何なる成立要件をもっているのか。一つは、マイネルが指摘する「準備局面─主要局面─終末局面」がある。筆者らが先に例示した【動いて─構えて─打つ……】も、バレーボールやテニスを意識した系列的な運動を示している。「気持ち」も「手」も「脚」も、この連携した運動は、個々人の運動であるが故に、最小の「運動単位」である。のみならず、これらをこれ以上分割することも、勝手に接合することも意味をなさないということを言いたいからである。そこで、これらを最小の「運動単位」として認定しておきたい。ここでは、便宜上バレーボールやテニスでの動きを対象にしているが、ここで強調することは、「グランドストローク」は、【ボールを追視】しながら【動いて─構えて─打つ……】が１つの「運動単位」であることを示唆している。さらに正確に言えば、【追視しな・がら─動きな・がら─構えな・がら─打ちな・がら】これが、指導に際して、これ以上分割してはならない「単位」と考えている。ここではこれを【運動単位】としておく。

第４節　授業の実験／授業の予測研究

第１項　運動学習と運動教育

　体育科教育を巡る幾つかの目標論や教科内容論の議論があることは意識している。けれども、運動学習を体育実技に含ませるとき、『できる』な

第Ⅳ章　体育科教育における「運動単位」と「学習指導案」

どはどうでもいいという議論にはとても参加できない。確かに誰もがスポーツ選手になりたい訳ではないが、とりわけ小学性の夢にスポーツ選手は多い。だから水泳のあれこれが、「能力とは何か」などのテーマ設定に向かう等はこの方がよほど極論ではないだろうかと思う。それ故、これも極論かも知れないが、水泳の平泳ぎを学習している際に「別に……泳げなくてもいいんだよ」等という言葉はやはり禁句にしたい。やみくもにドリルやトレーニングをさせようなどと提案しているのではない。教師や生徒を含んだ授業のシステムが、このような条件ならば、この程度は到達できるという目標水準を示す必要がある。このことは、格別に実現困難なことでもないし、例えば6年生で、クラスの全員が50mを泳ごうというような目標ならば不可能なことではない。難しいのはボールゲームなどの目標設定であるが、大きくは「ゲームの様相研究」で明らかにされていることの対応をもう少し詳細なものに出来ればと考える。

第2項　体育授業での運動学習

　制度として行われる体育授業も、その時間的余裕や施設キャパシティーや教師のパーソナリティによって多様に修飾される。「年間計画の場合」もしかり、「単元計画の場合」もしかりである。一単元計画で、20時間も設定できれば、今なら大単元ということになるのかも知れない。また、逆に言えば「単元」あたりからしか、「目標も内容も方法」も明らかにはならないし、子ども観・単元観も明らかになりにくい。

　例えば、何かのスポーツが、他のスポーツとは異なるルールや歴史を持っていても、図Ⅳ-2や図Ⅳ-3で示したように個々人が学ぶべき事項は厳然とある。われわれの扱う対象からみれば、個々人が他の成員（グループ・チーム）とどう関われるかが問題になる。ここに集団的な課題が発生することは間違いない。例えば、バレーボールのパスをみれば、相手が打ちやすいボールを送るという力量の調節などが課題として浮かびあがる。その際のパス練習が、先に述べた「運動単位」であるかどうかの検証が必要であろう。

ここでは、例えば【見て―動いて―構えて―打つ……】という一連の動きとして学習されねばならないものが、現実的には「暗黙の了解」か「習慣的なのか」のごとくに、二人の間隔が３ｍとか４ｍとかに設定されてしまう。何故、２人の間隔は３ｍか４ｍかが問われていない。ネットに平行で、ボールをやりとりするパス練習では、【動いて】のフレーズや、【構えて】のフレーズが、簡単に無視されがちである。生徒達は、不十分なまま、また、無自覚に【打って】しまうことになりがちである。そして、なかなかうまくならないままに時間がすぎる。ここでは【動いて―構えて―打つ……】が、一連の全体であるという動作の全体性への軽視が表面化しやすい。

　こうした例にみるように、「運動単位」は、学習者サイドが意識的に動く運動の脈絡をどういう理屈で分析したり、接合を考えたりするかを考える思考軸である。これは、例えば個人の運動の中にあるという軸と、他の誰かの対象をもつ場合、或いは３人以上の地域的支配であったり、空間支配の問題でもあったりする。運動学習のための単位は、対象とする運動が全く個人のレベル、対応する他人を想定する場合、複数の対応する他人（３人以上）を想定する場合に区分され、図式的には図Ⅳ－４のように整理できる。「個人→対人→集団」と言うのは、個別に分断された個々人が複数いるというと事ではなく、複数の人間で、あることをしよう（共謀性）としていることを意味する。そして明らかに、機能的フラクタルを示すことになる。難しい事ではあるが、２人の人間のかかわる対人性は図Ⅳ－６のＡＢの関係を距離や位置関係で問題にすることになる。集団というか３人組以上では、ＡＢＣの関係を位置関係・空間関係的に問題にすることになる。そして、そこにおけるフラクタル図を示すならば、図Ⅳ－７をみておく方が正確かも知れない。個々人の「運動単位」という思考軸と、それらが「フラクタル（自己相似性）」をもつという観点から、人間の運動をみるとき、個々の「運動単位（Ｏ－Ａ－ａ）」と「全体（Ｏ－Ｃ－ｃ）」の「構成」と「関係性」という２つの問題が表面化する。これらは、「腕の動き」・「脚の動き」・「姿勢」・「目線」・「首の動き」等、身体各部の連動した

動きを示している。身体各部の動きを分析的にみることは上記の通りであるが、「O - C - c」全体も動いていることが通例である。運動の効率が高いか低いかは、身体各部の位置関係や動きのリズムに支配される。けれども細部のどこをどのようにしなさいと指示は無前提には通用しない。例えば、図Ⅳ - 7の「O - A - a」のような運動の「核」ともいえる部分の拡大や動きの速さによって「O - C - c」の全体が速くなったり大きくなると考えられる。逆に「運動単位」を複数の人間がやる球技のようなものとして考えれば、「O - A - a」の三角形は一人の人間の動きを示していると考えられる。図Ⅳ - 7の場合でいえば、9人の人間の運動を想定すればよいことになる。これは難しいとか、容易であるとかとは次元が異なる。こうした人間の運動の観察の仕方は、個々の9人の役割やパフォーマンスレベルを高めようと言う時、フラクタルである性質を重視すれば、どこかのバランスを崩せばよいという発想になる（ガラクタ性）。個人の場合で言えば、例えば脚のパワーを高めると個人全体が強くなるし、集団で考えればどこか重要なマンパワーを高めた上で、全体の相似性を高めるという手法になる。

第3項　社会的実験としての「実践仮説」の検証

　われわれが研究対象にすえる体育の授業の世界は、そのかなり大きい部分で運動学習を扱っている。その運動学習は、むろん体育だけが扱っていることでもなければ、生徒達も人生の各ステージで年齢にふさわしい運動を学んできている。歩行獲得が、子どもに学ばれるプロセスは先にも述べたが、自転車のりにしてしかり、水遊びや水泳でも同様である。

　学校期の体育授業としての運動学習は、走ることも、跳ぶことも、投げることも一応学習の対象になる。およそ学校期だけでも、スポーツ部活動等の体育授業以外の活動の場も結構ある。体育授業が如何に行われるかと問題にすれば、特に教育実習生などは「学習指導案」を求められる。この学習指導案は、如何なるものかと問題にすれば、これから実施する前の「授業の予定表」でもあれば、「覚悟を確認」して記述するものであり、同

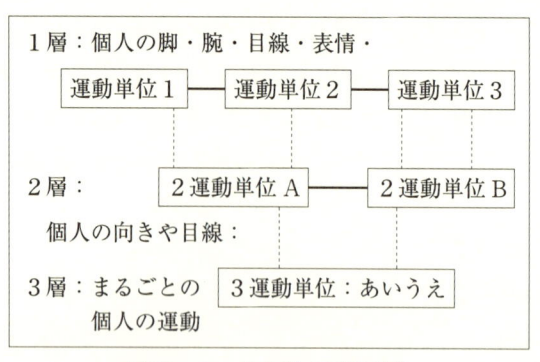

```
1層：個人の脚・腕・目線・表情・
     ┌─────┐  ┌─────┐  ┌─────┐
     │運動単位1│―│運動単位2│―│運動単位3│
     └─────┘  └─────┘  └─────┘
2層：        ┌──────┐  ┌──────┐
             │2運動単位A│―│2運動単位B│
             └──────┘  └──────┘
  個人の向きや目線：
3層：まるごとの  ┌──────────┐
    個人の運動   │3運動単位：あいうえ│
                 └──────────┘
```

図Ⅳ-6　3水準の運動単位

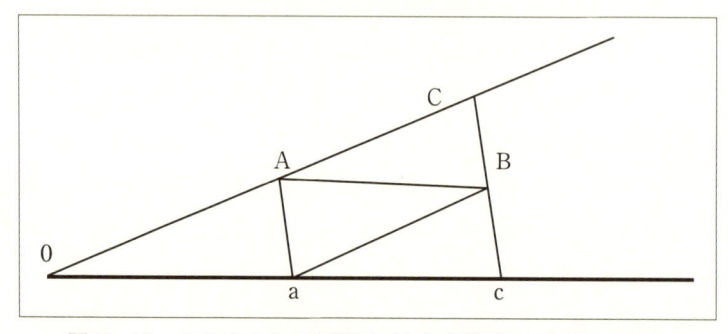

図Ⅳ-7　フラクタルの関係図（入れ子構造）（北原：1989）

時に、それらを第3者に伝えるものである。授業中に留意すべきことや、評価の観点や評価の方法、対象にする子ども達・生徒達をどう理解しているか、あるいは自分が扱う単元の特徴や問題等を整理したものが学習指導案である。

　この学習指導案は、まさに該当の授業の前に構想され、記述され、指導教員から注意や修正を要求されたりして、本番に向かう。授業の最中には、よほどのことがなければ周囲からの手助けはない。と、言うよりこの「案はまさに案」として存在し、ここには何よりも問題意識に沿った「実践仮説」が描かれる必要がある。何らかの問題事態の可能性を受け、その問題を解決しうる「方法や手段」が描かれる必要がある。その問題事態が

運動学習のつまづき問題であれば、これまでの記述における思考軸や全体像を検討することが求められる。また問題事態が、運動学習に直接関係しない集団性や、男女の役割などと考えられる場合は、また別の論理が必要になる。いずれにせよ、集団への教師の対応にしても、運動自体をどのようなものとして成立しているかを考えることは、その対応や運動の再成立（学習）を考えることで、教授行為の中核をなしており、吉本が指摘するように、教授行為が極めて思想的な側面をもつものであることを裏付けている。

第5節　学習指導案の理論的把握

　先に「実践仮説」と、それらの一連の働きかけは事前の構想としてみれば、2つの問題事態に対応する観点をもっている必要がある。子ども達・生徒達の運動学習を誘導し、また、彼らの集団性に働きかけ、学習の進展を図ることは、古くは教授学的に重視される「陶冶・訓育」の問題に繋がるかも知れない。

　これまで、運動をどのような構成になっているかをみる視点として「運動単位」と「運動の全体性およびその関係性」を問うことであった。また、運動学習事態を集団性の問題として評価基準や働きかけの方法として集団への働きかけは、それ自体が、教師の願う価値基準によって働きかけを調整させていく。このような教師の、思考過程と判断過程が学習指導案には描かれる必要がある。無論、この授業で達成したい事項と単元全体で達成させたい目標も先行する問題で、全体性や部分的関係性が問題になる。図Ⅳ-9は、図Ⅳ-7（北原氏）のABC記号に、人的要素としての「教師」や「子ども達」と、機能関係としての「行為」と「状況判断」を位置づけたものである。もとより、この図はフラクタルを意識した図解であるが、仮に三角系の集合体として描くならば図Ⅳ-9のように描ける。これについては、別にも述べたので格別には触れない。少なくとも、授業等の具体的な場で、「目的・目標」が成立する条件だけは次のように整理

しておきたい。

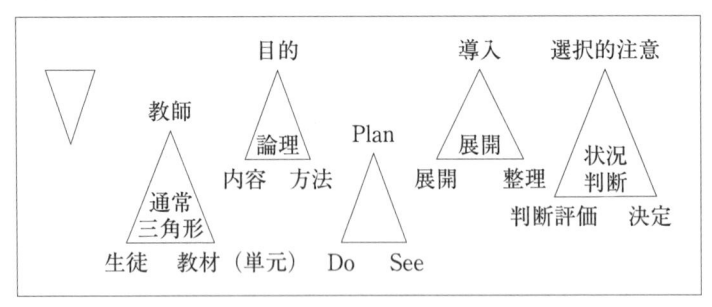

図Ⅳ-8　授業にみられる三角系関係

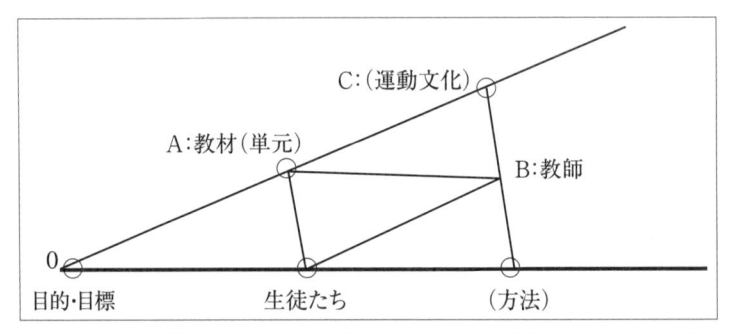

図Ⅳ-9　授業のフラクタルの関係図（入れ子構造）（松岡：2008）

①誰の、どういう場での目標かを示す「人称性・所有性」：
　　教師の目標なのか、それとも生徒の目標なのか……。
②この目的・目標を達成するための「方法・手段・手順」：
　　100%でなくとも、かなりの部分で具体的に分かっていること。
　　また、それを行えること。
③①にかかわって「緊張性」があり：
　　どうしても達成したいという願望が教師にも生徒にもあること。
④達成にかかわる賞罰が分かっている：
　　子ども達の笑顔、子ども達の冷たい視線

第6節　学習指導案の構成

　これまでにも、全体と部分という関係性を問題にしてきたが、筆者なりの整理の仕方を示しておく。「運動単位」を考えてみると、これも全体と部分という関係を図Ⅳ-6のように考えた。何を全体として何を部分と考えるか……と、いう問題であり、またフラクタルの考え方を適用すべきであろう。

　まず、(A) という特定の運動単元をイメージしたものがある。それを何らかの文章で示したものが (0) であり、通常は「単元観」として示されている。しかし、バレーボールにしろバスケットにしろ、教師自らがそれらをどのように把握しているかの問題で、もう少し具体的に問えば、「どのようなゲームをさせたいと思うか？」という自らへの問いがある。それは、これまでの把握に対するアンチテーゼででもある。「運動単位」との関係で言えば、ここでは「見ながら—動きながら—構えながら—打つ」という最低の単位を崩さず、その「運動単位」を質的に量的に拡大していくと手順になる。

　「動いて」ボールの動きに合わせながら、構えて打つという質量の拡大は「うまくなる」ことの保証につながらねばならないし、「最終的に達成したいゲーム」とのかかわりを問うものでなければならない。例えば特定の学年で15時間対応で単元計画がなされた場合、その15時間で達成する「ゲーム様態」がみえているという前提と、その為にどのような手続きを採用するか……、その時に「運動単位」は相互にどのような関係になるかを構想しなければならない。バレーボールで例を示せば、パスとかトスとかレシーブを先の「運動単位」でみれば共通項の多い技術である。また、サーブやアタックも「スパイク」とか「キル」とかに特定しなければ、技術的共通項は多少認められる。つまりバレーボールの全体をパスやトス・レシーブ・サーブ・アタックを構成の要素と考えているのではなく、ほぼ2種類の「運動単位」で構成されていると考えているのである。後にも触

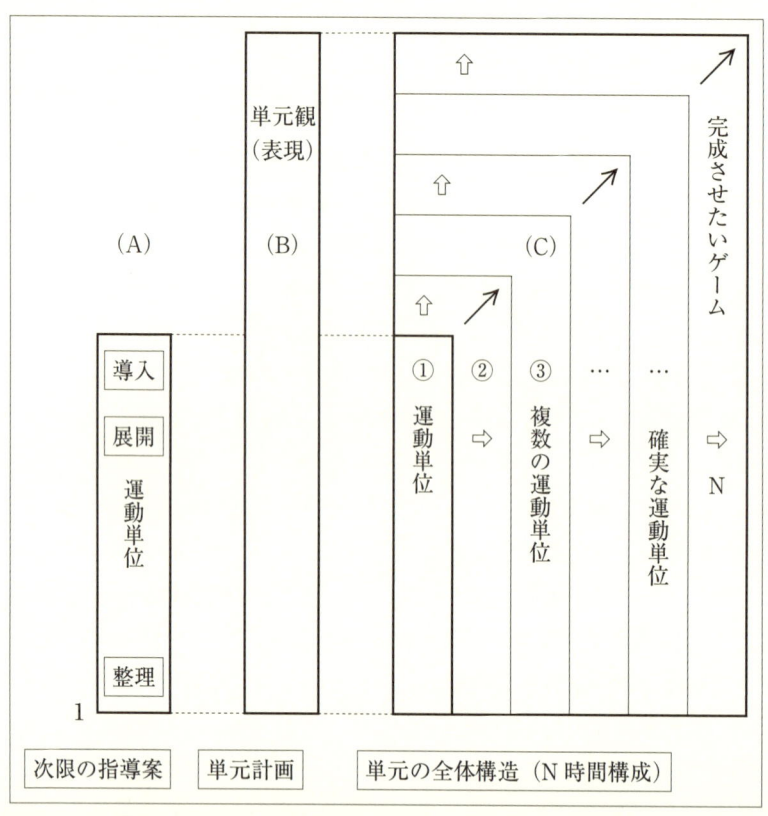

図Ⅳ-10 「運動単位」と学習指導案の関係（運動の質量に関するフラクタル）

れるが教師の側から生徒達への要求は「かならずネットより高くボールをあげる」ということと、「つなげ」ということの2つである。これらの詳しい関係は別章にてふれたい。

第IV章　体育科教育における「運動単位」と「学習指導案」

第7節　終わりに

　システム論に示唆を得ながら、運動の単位や運動学習の際に参考になりうるように、人間の運動を捉え直しができればと考えた。まさに研究の対象をシステムとして観ることの意味はおおよそ以下のようにまとめられると考えている。

　本研究では学習指導案に特化させる概念として、「実践仮説」・「運動単位」・「全体と部分の関係性」をボールゲームを中心にした事例から提案した。その時の考え方は、「運動単位」のベースを整えて「質量」的に拡大をはかるものである。とりわけ、「運動単位」は、すべての運動が個々人の運動部位から形成されており、それらが他の人間の運動にかかわる時、「対人性」という運動の意味を示すことになる。また、他の多くの人間にかかわるときには「集団性・共謀性」を示すことになる。また上記のベースの上で、体育授業の学習指導案は「運動単位」と「全体性」・「関係性」を考慮しながら「目的・目標記述」されるべきものである。誰が所有すべきか、誰が意識しているのかも分からない記述はほとんど意味をなさないし、どうすべきかが全く見えていない場合には、幾ら目的・目標を記述しても、それは「願望」か「夢」にもならないだろう。

文　献

・小林　篤（1975）は、体育授業について研究者とか専門家と言われることを嫌った節もあって、折に触れ「授業学」のような研究領域の提案と独自の方法を発想をし模索ていた。氏の雑誌発表論文や図書（『授業分析法入門（1975）』に散見できる。
・吉本　均（1982）：『ドラマとしての授業の成立』、63-72、明治図書
・K.マイネル（綿引勝美訳）（1991）：『動作学―スポーツ運動学―』、5-49、新体育社
・William C. Crain (1980) : Theory of Development ; Concepts and Application,

199-221, Prenttice-Hall
・中川　昭（1980？）:「ボールゲームにおける状況判断研究のための基本概念の検討」、体育学研究、28（4）、287-297
・出原泰明（1998？）:「取りあえずの案とするが、出原らはユニークな案を示した。例えば「水泳で『能力とは何か』」を教える」と言うように、「スポーツを教える」ではなく、「スポーツで〜を教える」という文脈の再構成を提案している。
・出原泰明（1991）：体育の授業方法論、大修館書店
・北原貞輔（1989）：『システム科学入門』、46-49、有斐閣ブックス
・吉本　均：1982年に『現代教育科学』誌において連載された一連の「教授学」的主張の全編に、この論理が散見できる。
・松岡重信（2004）:「保健体育科教育の方法」、『現代教育方法事典』所収、273-274、図書文化

第Ⅴ章　いくつかの実践例と考え方

　第1節　バレーボールの初心者指導

第1項　どう考えるか、バレーボールの指導
　バレーボールは、学校スポーツの代表格の球技である。球技の扱いを各学校がどのようにしても、おそらくサッカーやバスケットボールとともに代表格の球技といえる。また相対的には、生徒達にも一応は好かれているスポーツでもある……と、言えるだろう。バレーボールの単元は、中学校から高校までの6ヶ年の実践時間を考えれば、多い場合には15時間×6ヶ年で、約90時間が費やされることになる。すると、多少は上手くなるし、ゲームもその体をなすようになる。けれども、逆にうまくなれず、痛くて……嫌われてしまう現象も皆無ではない。学校のクラス対抗の球技大会でもよく見られるスポーツ風景といえるだろう。
　バレーボールは、主として手で「弾く」という操作があるため、「ネット型球技」の代表格とは言いながらも、これまでの様々な実践上の問題や課題があって、それらに対する実践的・試験的な取り組みが幾つもある。これらを整理すると、以下のようなローカル・ルール的な取り組みがあげられる。

　a）ネットの高さを調整して、アタックを打ちやすくする（多くは……ネットを低くする）。
　　最近の実践で、逆にネットを高くする場合もある（広島大・附属中高・山下教諭）。
　b）ボールの操作をやりやすくするために、ボールの重さを軽量化した

ものを採用したり、痛くないようにロー・インパクト・ボールを使用する。（広島大・附属中高・橋本教諭）
c）選手交代を順に組んで、誰もが機会として全ての役割に加われるようにする。その際、誰もがすべての役割とポジションを経験し、また、審判や線審、ボールひらい等も、交代のローテーションに入れるように工夫をしている（広島大附属福山中高）。
d）コートの大きさと、ゲーム人数を調整するとともに、ルール全体を組み替え、技術的要求も変えていく（大学院生の古達、2007）。
e）「サーブ・カット（レシーブ）―トス―アタック」の三段攻撃の形を創ることが、単元や個々の授業の目標に設定されやすい。けれどもその事がたまにしか、しかも偶発的にしか起こらないことろに最大の悩みがある。

　教師達が、授業で行う上記のような工夫は、学年や男女の相手の学習者状態に対応しての工夫であることが多い。一例を紹介すると、30何年以上も昔に岡山県の先輩教員の中根教諭の工夫では、クラス全員に技術的要求として生徒たちにパスを50本続けることを要求した実践があった。生徒達は、それぞれに上手い者同士でペアを組む。残ってしまうのは、余り上手くない者同士のペアになる。その実践者の中根教諭が、じーっと見守るなかで、50本パスを続けたペアからコートの外に出て、じゃまにならない場所で座って待つ。この授業では、生徒のペア全てが、50本続くまで次のステップにいっさい進まないという約束事になっている。すると、コートには余り上手くない者同士のペアが１つ２つと残ってしまう。それでも中根教諭は我慢してじーと待っている。すると、周囲に待っている生徒達が……最初は興味もなさそうに遅れた者同士のペアをみていたり、雑談したりの生徒達が、やがて静かになり、遅れている１～２つのペアを励ましたり……やがて「○○せーよ」・「もっとボールの下に構えろ」……と、指導をし始める。次の段階に進みたいという生徒の要求がなせる技のように思えた。次にすすみたいという気持ちが、全員にパス50回という技術的な要

第Ⅴ章　いくつかの実践例と考え方

求を徹底させること、そして相手の取りやすい条件をクラス全員の課題として徹底させ、中途半端に妥協しないでじ～と待つ、ここに……「待ちの教育」を感じた。この実践に教わったことは、直接「運動単位」がどうということではなく、生徒達との「約束の履行」であった。また、「中途半端な妥協をしない」という基本姿勢であったと理解した。

　また、別の事例を紹介する。われわれ教師が、生徒たちにする要求で、「パスをしなさい」と指示すると、何となくコートの中で距離を定めて平行に並んでパスを始める。学年にもよるが不思議にその距離は、短めの3～4ｍで設定されることが多い。この風景には2つの意味で問題がある。ゲームになれば、「自分が動いて……ボールの下に入る」これがすなわち、「ボールを追視しながら、動きながら―構えながら・取りながら……」という運動単位を示している。ところが「これがさらに続いて……ということ」が必要になるが、「ここで繋がりが切れやすい」という問題が発生しやすい。この自動的な設定では「動いて……」の部分が省かれてしまいがちであることが一点。また、自動設定でも隣ペアとぶつかったりするが、うまい人たちの「手慣らし・感覚ならし」の意味とは異なっている。そうした感覚づくりも含まれるが「動いて―構えて―打つ」という「運動単位」を、連続しての情報処理が含まれている練習方法が望まれる。このことは、先の章でもふれたが、最初から例えば、いわゆる「振り回し」のような形態で左右に揺さぶり、加えて、前後にも揺さぶるということも加えるべきであるように思われる。この順次「自動設定のパス」から脱却する必要があるように思えた。何故その距離で練習をするのか、何が要求されているのか……ここにも問題はある。

　加えて紹介すれば、広島大学附属中高等学校の山下教諭は、中学校2年生男子の「アタック練習」の場面で、次のような指導をしている。一所懸命に生徒たちは練習しているが、なかなかネットを越えてのスパイクにはならない。ネットを越すのも難しい生徒もいる。そこで、一旦練習を止めさせて、生徒たちに、「もう20cmネットを上げなさいと……」と指示された。不祥不精ネットをあげた生徒たちに、「では、もう一度打ちなさい

……」。当然の事ながら彼らは、これまでと同じ打ち方をしてもネットを越さないことがわかってくる。すると、ボールの「上から」たたこうとした「スパイク（釘）」を、ボール横や下の方向からたたくようになる。打たれたボールは、山なりにネットを超えて飛び、ベースラインあたりに落ちるようになる。そこで、山下教諭は、「『アタック』という言葉の意味は、『攻撃』と言うことだな。『スパイク（釘）』や『キル（殺す）』でなければならないとは限らない……」と、この山なりのボールなら高いネットも越せるし、今の段階では立派な……『アッタック』になりうるということを教えたかったのだと理解した。これなら、身長もあまり関係ないし、ネットにつまれば、ブロックまがいの「両手打ち」もありうる。場合によっては、ジャンプをしない方がうまく行くかも……知れないと。

第2項　どれくらいが限界なのか……

　前項、a）～e）にからまる教師の困惑や工夫のなかで、2007年の大学院生であった古達は次の様な実践を試験的に試みた。そして、それらの考え方や実践結果（実験結果）を修士論文に書いた。彼が、高校生の授業で、生徒達に要求したことは、①ボールに触れる際、必ずそれをネットより高く上げること（レシーブ・トス・パスも）、②そして声を出す（『人名』とか『とり方』や『判定』とか）の2点のみを要求した。「期待するなら……要求せよ」を当然のごとくに考えた。

　もう1つの設定は、学習者にとっての具体的な条件は、d）に該当するコートの広さ問題である。この古達実践での広さは、バドミントンのコートであり、そこに入る人数は4人とした。この理由は以下のような考え方をしていた。6人制の縦横9mコートに対して、およそ図Ⅴ-1のコートである。このコートサイズ（縦横比）や、そこに入る人数は、運動強度の問題などではなく、そのコートで出現しがちな「お見合い回数」や「ボールの触数回数」を評価関数として、目的的な「返球」を要求しているからである。

　図Ⅴ-1はバレーボールの、古達考案の4人制と6人制の関係を図示し

第Ｖ章　いくつかの実践例と考え方

たものある。この４人制と６人制は、ほぼ同じルールで展開されて、フラクタル的な意味をもっている。人数が少ない分、当然触球数は増えると予想される。また、古達が、生徒達に要求したこととの関係で言えば、ボールを「ネットより高く」することと、「声を出しあって」いかないと、「お見合い」をしてしまう可能性が高くなるからでもある。

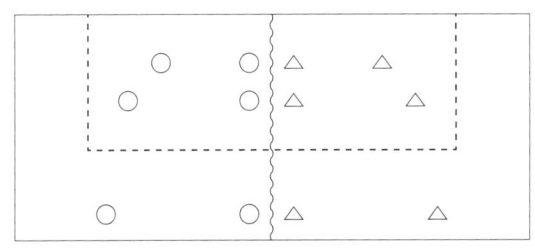

図Ｖ－１　バレーボールの４人制と６人制の位置関係
※破線の中の４人同士がゲームをする。

　ここで、少し「コートの広さ」と人数の関係や発生する役割との関係を議論してみたい。バレーボールの半コートは「9 m× 9 m ＝81㎡」で6人を想定している。バドミントンの半コートは「5 m× 6 m ＝30㎡」で、2人のダブルス設定である。学校スポーツで、コートが一番大きいのは、おそらくサッカー・ラグビーで、野球やソフトボールを除けば、次いでテニス・コートで、さらに次にバスケット・バレーボールで、その次がバドミントンと思われる。チーム内に発生する役割と関係なくプレー人数で割れば、表Ｖ－１のようになる。一人当たりの面積は機械的には次のように計算出来る。なお、表Ｖ－１は正規のコートというより、学校の体育館やグランドで確保できそうな範囲で、新たにコートラインを書く必要のないものを設定したものものである。これは非常に大切な発想で、毎回コート・ラインを書くような手間暇は省いた方が省力化がはかれる。
　どの球技にしても、個々の生徒たちが担当する（攻める・守る）エリアの広さと、互いに期待される役割の発生や、役割チェンジと、その達成度が関連していると思われる。より広くをカバーできる生徒と、狭くしか動

けない生徒もいる。積極的に攻撃に参加できる生徒もおれば、積極的には動けない生徒もいる。こうしたなかで、計算上の広さ（ポジション）を設定することは無理を伴うが、参考のために数字を算出したものが表Ⅴ－1である。

表Ⅴ－2　球技のコートの広さと人数および発生役割の関係

球技種目	縦　横（m）（合計人数）	全面積	面積／1人分担面積	ゲーム型（役割発生）
サッカー	90m ×45　（22人）	4050㎡	184.09㎡	攻・守混合型
バスケットボール	15m ×28　（10人）	420㎡	42㎡	〃
ハンドボール	44m ×20　（14人）	880㎡	62.8㎡	〃
テニス・ダブルス	11.8m ×10.9　（2人）	128.6㎡	65.18㎡	攻・守分離型
バレーボール	9 m ×9　（6人）	81㎡	13.5㎡	〃
バドミントン	6.10m ×6.7　（2人）	40.87㎡	20.4㎡	〃

　これは、附随するルール上のエリア制限や時間的制約も考慮していない。また、実際の運動は、コート制限の外になるような場合も特には考慮していない。また、ネット型の攻守分離型のゲームは、基本的に半分の面積上のプレーが多いので、コートの半面の面積で問題にしてみた。

　表Ⅴ－1によれば、攻守混合型（ゴール型）と攻守分離型の一人当たりのコート面積は、全く意味合いが異なるが、攻守分離なら人員が混在せず、おおよその面積は比較可能であろう。ここに挙げたテニスとバレーボールとバドミントンの3種目では、テニスが大きく65㎡を超えている。蝶間林（横浜国立大）によれば、テニスコートのなかに日本流の面積「4畳半（7.29㎡）」が、幾つか含まれていると言う。どうもその4畳半の広さが問題で、これが約1秒で動ける範囲にあたるのではないかとみなしている。また、攻守混合型のサッカーとバスケット・ボールとハンド・ボールのコートは、機械的に守備サイドの面積と、あるいは攻撃時の分担面積と理解すればほぼ表Ⅴ－2のなかでも比較可能であろう。バドミントン・

コートでの4人制バレーは、通常のバレーボールコートの6人制より、一人あたりの面積が小さいことに気づく。つまり、通常の6人制の「お見合い失敗数」より、間隔は狭く、その分役割分化が起こりやすいといえるかも知れない。

第3項　バレーボール・コートをバドミントン・コートに変換しボール選択の意味

　6人制のバレーボールを4人制にして、バドミントンコートに入れると何が期待できるか。40.87㎡に4人で、一人当たりの分担面積は10.21㎡で、バレボール6人制の面積より小さくなることは先にふれた。6人制バレーボールでは一人当たり、13.52㎡であるが、バドミントン・コートに4人を配置して、バレーボールをするとなれば、1人が分担する面積は10.21㎡である。こうした機械的な計算が、どこまで説得性をもつかは分からないが、計算上はこういうことになる。

　ここに注意せねばならない事項は、先にみた「お見合い」とか「譲りあい」の出現頻度が問題になる。狭くて、どちらがボールをひらうか判別しにくいだけが問題なのでなくて、相手ボールの飛んで来るコースがコートによって制約されていると、誰がその制約条件の中でプレーするかは判別しやすさがある。バレーボールを4人制にして、バドミントンコートでやるという発想は、別にも現実的な理由がある。ひとつは、多くの体育館には既にバドミントンコートが設定されていることが多い。ネットには工夫もいるが、紐でも別のものでも使用可能である。「見ながら―動きながら―構えながら―打ちながら……」という基本の「運動単位」はかわらないが、それが、さほど広くない方が「時間的余裕」がもてるという理解になる。

　もう一点、ロー・インパクト・ボールの使用に関する議論もある。ボールに接触して痛くないという利点と、技術的な「運動単位」をどのように考えるかという問題である。ロー・インパクト・ボールの操作は、一般に

軽量でもある。両手をうまく使って処理しようとするのが通例であるが、これが片手でも操作出来てしまうところに問題がある。ここに、必ずしも「利点」が「利点」になるとは考えられないという問題も発生してくる。特に、このロー・インパクト・ボールをバドミントン・コートでやると、「運動単位」の「見ながら―動きながら―構えながら―打ちながら……」が、少々動き出しが遅れても、また構えが出来ていなくともボールをさばけてしまう。技術的な問題が、問題にならないところが問題と言えそうである。そして、いわゆる通常のバレーボールを想定すると、まずい形で応用が利きにくい（役にたたない）。場合によっては、全く異なる技術体系になってしまう可能性もある。この点を考えて、今回の実践では、通常のボールを使い14時間の実践を試みた。ただ、中高一貫校のように6年間を見通せる学校では、また別の考え方も可能であろう。

　そして、このような「実践仮説」による「実践結果」をまとめて反省すれば、すべての問題点が解決できたとは言えないが、次のような特徴を把握できた。

　a）4人制バレー（バドミントン・コート）で役割を伴った練習が可能になった。
　b）一人ひとりの触球数が増加して、ラリー数も増加した。
　c）お見合いは減少した。
　c）三段攻撃を試みた数と、三段攻撃になった数も少し増えた。

第2節　水泳指導の場合

第1項　フラクタルの形成

　水泳も、扱うのが非常に楽しい素材であり、また、同時に指導の難しいものの一つである。また、「溺れる」や「水難の危険性」というリスクにも常に配慮しておく必要がある。この水泳の指導体系を考える際、幾つかの前提条件がある。主旨的には「グライド泳」であり、より具体的には

第Ⅴ章　いくつかの実践例と考え方

「グライド・バタフライ」である。これは、長谷川（現龍谷大学）らによって方向付けられていた。また、『新しいクロール』を著した宮畑の指摘にもみられる共通項である。この「グライド技術」の応用が分かりやすい泳法は、平泳ぎであったり、バタフライであったりするが、クロールにも背泳にも少しは観察される技術である。

「グライド」という呼称は、「グライダー」からきた言葉であって、エンジン（推進力）をもたないグライダーが空を滑空できる仕組みの応用を言っている。飛行物体としてのグライダーは、初期的な空中への放出期には、何らかの推進力（人力や自動車）を補助的につかうが、一旦空中に上がると自重の前にある「重み」で落ちようとする力と、大きな翼で浮力を得ることの双方で、バランスをとっていく。それだけで、かなりの時間グライド（空中を滑る）するし、自分で降りる（滑走）ことができる。

この「グライダーの原理」を水泳にあてはめて考えるとき、意識しておかねばならない先駆的研究の成果がある。それは言うまでもなく「ドル平」であり、今でも学校体育研究同志会（以下『同志会』と略す）の実践的研究の成果として語り継がれている。われわれは、この「ドル平」の開発にかかわった人々の想いを深く読み取ることが出来る。彼らは、はやり図Ⅴ-2-1のように、「脚のバタ足」と「呼吸の仕方」・「腕のかき方」の総計（総和説）が、「泳法」であるとは考えていなかった。図Ⅴ-2-1は、身体各部の運動の「総和」が泳法であるとする「単純総和説」と呼

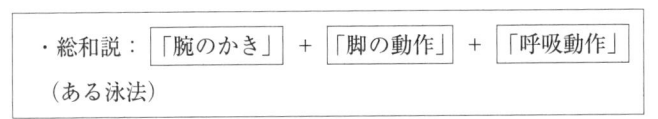

・総和説：「腕のかき」＋「脚の動作」＋「呼吸動作」
　（ある泳法）

図Ⅴ-2-1　単純総和で各部位の動きの後にそれを合わせてコンビネーション

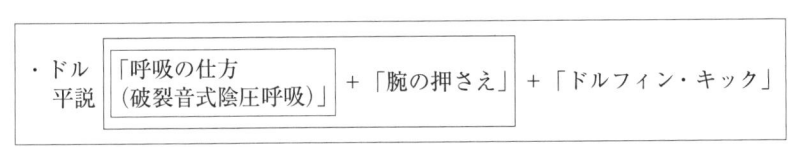

・ドル　「呼吸の仕方
　平説　（破裂音式陰圧呼吸）」＋「腕の押さえ」＋「ドルフィン・キック」

図Ⅴ-2-2　ドル平にみられる動作結合

ぶ。これは近代泳法に限らず、すべての泳法が「総和説」のような構造を持っている……と、したものである。

これに対して、「ドル平説」は、初心者に水泳を教えていくという前提で、「泳ぐ」を定義したものである。水泳初心者にとって、まず何より苦しいのは「呼吸」であると。「一息クロール」などの初期的段階で、がむしゃらに手足をばたつかせるのではなく、まず「呼吸の確保」と「腕の動き」との連動（動作結合）で、呼吸のしやすさをはかることを中心に考えている。また、いきなり「平浮き」を考えるのでなく、「立位姿勢」や「斜位の姿勢」を使いながら「ケンケン」をしてみたりで、呼吸が安定すれば「平浮き」へ移行する。「ある泳法」として技術分析すれば、「総和説」で間に合うが、初期的に「身につける泳法」としては「ドル平」ということになろうか。そして、「ドル平説」は明確に「フラクタル性」をもっているといえる。けれども、筆者らは、この「ドル平」をもう少し積極的に、「グライドさせる」という方向性を考えたいと思ってきた。中学生になっても高校生になっても「ドル平」はないであろう。それは、さまざまな水泳指導の考え方があって、それはそれでいいのであるが、一つの方向性が「グライド泳法」である。特にこの「グライド」を積極的に用いやすいのは「バタフライ」や「平泳ぎ」であろう。呼吸方法も「ウーン・パアッ」を「破裂音式陰圧呼吸」と呼びたいと思っている。

また、バタフライ泳法といえども、初心者の場合と同様に、学習の経過の中で「腕はこうして」・「脚はこうして」・「呼吸は〜のタイミングで……」と、考えながら泳ぐのは激しく混乱するものである。「バタフライ」は、「平泳ぎ」から派生した最も新しい泳法である。この水泳の泳法史のようなものを考えてみると、おそらくであろうが、全く未分化な泳法が、多様な目的のために遠い過去にはあったと推測できる。生活のために貝を掘るとか、魚を捕るための接近法であったり……自らの生命を保ちながら水中を移動する手段としての「泳ぎ」である。考えてみれば、「犬かき」や「ワニ泳ぎ」のような未分化の泳ぎが、いつの間にか子ども達の指導要領からも学校プールからも消えている。

呼吸を保ったままの、平泳ぎのような泳ぎで、一方「総和説」的にいえば、様々な泳ぎで、それはまさに「生活術」とも言えると考えている。今日の水泳が、競泳として定められたプールのなかで、もっぱら「スピード」を追求するものになっているが、海に限らず、川に限らず……池や湖で「遊べる術」や「生物（食物）の確保」といった多様な価値をもつものであったに違いない。

　そう言えば、最近のプールを中心にした競泳の世界では、ある時点で、世界新記録を誇れる人は、世界中にたったひとりであり、そのひとりの新記録も、今では、次なる天才達によって次々に書き換えられる。何も競泳にばかり……レースにだけ価値があると思う必要はなかろう。水泳は、間違いなくスポーツの1つでもあるが、同時に「生活の術」との接合点を意識することも面白い。筆者の子どもの頃には、「犬かき」や「ワニ泳ぎ」・「潜り」があった。小学校3年の時に、「桶岩」をクロールで初めて渡ると兄貴が誉めてくれたし、川で魚をとって帰ると……婆さまがよく誉めてくれた。

第2項　グライド・バタフライの局面運動

　「泳ぐ」ということを、もっと生活に近づけて考えてみる値打ちもある。その際の、泳法についての考え方の一つが「グライド泳」であるが、これは「ドル平」から次の発展系を考えるなかで生まれてきた可能性がある。「ドル平」は、もともと「スピードの追求」なんて事は考えていない。否、実はそんな事を考えた人もいるらしいが、ドル平で50mのレースをやったら、選手がバテてしまって、努力に対する効率を考えたら、ものすご効率の悪いものである。その点、やはり近代泳法に収れんされてきた所以であろうが「慣れ」もある。

　水中において、これまでふれた「グライド」の活用は、ともあれバタフライで示してみよう。腕を伸ばして、重心を身長の前の方向に意識する。いうなれば、波形の運動であり、顎をひいて、水中に浅く潜るようなポジションをとると、どこからも推進力を得ていないのに「滑り込む」ような

滑り局面がある。この浅く潜って滑り込んだあと、首を起こして腕の運動で浮き上がる。この波動の「潜る―浮く」運動に、「呼吸（破裂音式陰圧呼吸）」をタイミングよくつける……これがグライド・バタフライである。レース等で使われる2―1（ツーワン）のバタフライとは異なった、ゆったりしたリズムの大きなバタフライが完成する。この際の、脚の運動は「バタ脚」でも「蛙脚」でも「ドルフィン・キック」でもよい。専門コースの学生でも確認すると、1時間もあれば指導可能であるし、小学校5～6年ぐらいになれば十分に応用可能である。

第3節 「愛のテニス」と「殺し合いのテニス」

笑われるような発想であるが、筆者はまじめに「愛のテニス」を飽きもせず行ってきた。筆者のここ10数年間のテニスの授業のテーマとしてきたことである。もう少し具体的にいえば、「ロビング系のパス」で、つなぎ合うテニスの事である。ミートポイントの固定化と、「下り8分」でのコンパクトなスイングを心がけて、相手に打ちやすい球を送り合うことを重視してきた。この「コンパクト・スイング」では、「テイク・バック」も小さく、逆手指でボール位置を確認しながら、動きながら「バック・スイング」を起こす。ここでは、「ボールを追視して―動く―構える―打つ……」の一連の「運動単位」が、「ボールを追視しながら―動きながら―構えながら―打ちながら……」に変換させていく。逆に、バックでは、左右合わせた感じの位置から、両手の位置関係を離すように振っていく。この条件で、20～30球程度のパスが継続して打ち合えれば「合格」ということになる。フォアとバックは同じ程度に使用することを意識しておけば、さほど片方だけが難しいという事ではない。むしろ、フォアばかりやることで、バックが難しいものに変化してしまうと理解している。

この実技授業の対象は体育コースの学生達（健康スポーツ系コース）であり、この段階まではさほど困難ではない。ただ、このつなぎ合うことを「やや物足りない」連中が、少し速い球を打とうとすると、たちまち「ア

第Ⅴ章　いくつかの実践例と考え方

ウト」と「ネット」の嵐になりがちである。「仕掛けると壊れやすい」の証明のようなものである。

　一方で、「殺し合いのテニス」は、意識になくとも通常指導されるテニスのパターンで、速くて長い（深い）球を打つことが目指されている。このようなテニスの学習過程で求められる事のモデルは、恐らくは競技選手達がやっている「打ち方」が基準になっていることが多い。ラケットのグリップから始まって、一連の動作の仕方、身体の構え方、また特にインパクトやラケット操作が指導される。むろん、上のコンパクト・スイングでも指摘されることであるが、ここで強調されるスイングは、相手が打ちやすい球とか、打ちやすいコースとかが想定されている訳ではない。強い球・速い球で、相手を打ち砕くことが「うまい」ことの基準になる。

　テニスに限らず、ここでも「動いて―構えて―打つ」という一連の動きがフラクタルを形成していることになる。この動きは、それぞれの後半で重複するがその事を図解すると、図Ⅴ-3のようになる。「A：」は「動いて―構えて―打つ」が連続的に動作されることであるが、現実的には個別の意味をもっている。それに対して、「B：内包的運動単位系列」では、フラクタル性をもちながら、「元の位置にもどる」という課題が加わって、「B→B'」へと連続させやすい。逆に、「A→A'」は同じ事の繰り返しということになる。

　大学生の授業では、男子はいきおい「愛のテニス」ではなく、「殺し合いのテニス」に走りやすい傾向があるし、女子は一球目を処理したあと「元の位置に戻る」ことを忘れてしまうという傾向がある。テニスに限らず、次への予測と、動作の「融合」が図られねばならないが「戻りながら……」の動きの基準で内容が伝わりやすくなる。こうした運動学習のための「実践仮説」を設定していくと、さほど、時間（90分×3〜4回で）をかけずに「愛のつなぎ合い」のテニスはほぼ完成する。この「愛のテニス」も捨てたものではないという感覚はあるが、この実践で問題になりやすいのは、男子の暴走（「殺し合いテニス」にあこがれる）を、如何に押さ

えるか……これが意外と難しい。

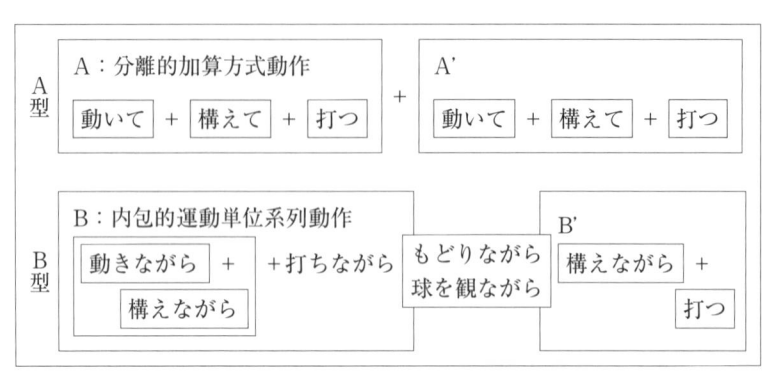

```
A型  A：分離的加算方式動作                A'
     [動いて] + [構えて] + [打つ]  +   [動いて] + [構えて] + [打つ]

B型  B：内包的運動単位系列動作                              B'
     [動きながら] + +打ちながら    もどりながら    [構えながら] +
     [構えながら]                 球を観ながら               [打つ]
```

図Ⅴ-2　テニスの「運動単位」としてみる2つのタイプ（A型 B型）

第4節　人間の運動の見直しと体育授業

　ここでは3つの運動指導の見直しや体育授業への取り込みについて述べた。他にも例えば、やり投げのような投擲種目でも捉え直しは可能である。人類史において、「やり」や「弓」のような、「武器」とも「用具」ともよべるようなものを工夫してきた歴史を想定してみる必要がある。やりの場合、「遠くに飛ばす（投げる）」などという競技の歴史はどれほどのものか。過去の武人達は、明らかにこれを武器として扱うことを訓練し使いこなして、敵を殺傷するものであったといえるだろう。さらに前には、生活用具として使っていた長い歴史が想定される。例えば、人間が近寄りすぎると危険な場合に「やり」を投げて、イノシシのような動物に立ち向かった……、また弓で射て動きを止めるとすれば……粗方の理解は可能なような気がする。

　子川は、「自分にあった槍を創ろう」ということも学習内容として成立することを考えていた。これは、「遠くに投げる」にしても「自分にあった道具」を開発するという意味がある。竹を切り、竹を削り、重心を考

え、持つ場所に滑り止めを工夫する。ありきたりの道具からの脱却とその工夫が、この学習には織り込まれている。手間暇のかかる授業かも知れないが、様々な道具や手具の歴史を遡ってしみることも、素朴な「驚き」と「工夫」を誘発しやすい。イノシシの動きを想定して、ダンボール箱でイノシシを作成し、これを紐で動かしながらのやり投げがあってもいいだろう。危険は回避しなければならないが、今は、金さえ準備すれば、ほとんどのものは入手できる。そんな時代に自分にあったヤリを創ってイノシシの狩りを想像しようとする実践は……、準備こそ大変だ、が……考えさせられる。それでも、水泳実習で北木島（岡山県）に渡っていて、地元の漁師から「伝馬船の艪は漕ぎ手の特徴にあわせて創る」という話しを聞いたことがある。すべからず道具というようなモノはそれを扱う人間に合わせるとうのが本筋かも知れない。むろん人間が道具に合わせるべしという考え方を全否定しているのではない。

第5節　本当の要素は何？

　球技等の指導を考える時、例えば次の考え方はどうであろうか。例えば先にも述べたバレーボールやバスケットボールでみると、図Ⅴ-3の左にあるようにパスやトスという固有の技術があるとされる。そこで、「パスとトス」の差違は何か……という議論をしたいわけではないが、これらはボールに対する「身体のさばき方」にかかわる問題と捉え直す必要性を言っている。これらに固有の「身体のさばき方」があることは承知しているが、通常のパス練習のように3～5ｍ離れて自動的に行われる形式は、それらがいつ如何なる時にどう動いて、どう構えて……、どう打つかという太線枠の動きに帰するものである。

　現実的な生徒達を前にしての実験的検証はしていないが、多くの指導法研究の中で「要素主義」の悪名を乗り越える起点になる可能性はある。また、バスケットについて、坂本らが提案していた「系列テスト」の内容は、そのテスト法自体が、通常のゲームで使われるすべての技術を網羅し

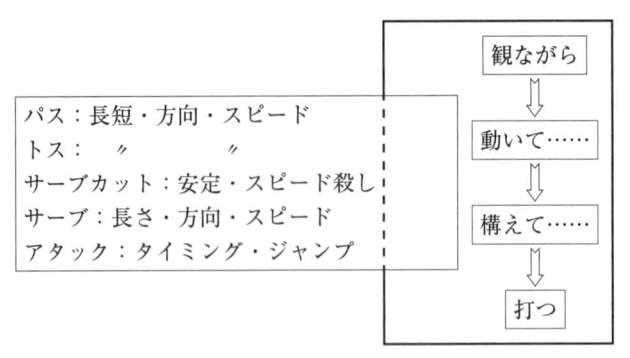

```
パス：長短・方向・スピード          観ながら
トス：  〃     〃                 ⇓
サーブカット：安定・スピード殺し     動いて……
サーブ：長さ・方向・スピード         ⇓
アタック：タイミング・ジャンプ       構えて……
                                   ⇓
                                   打つ
```

図Ⅴ-3　技術名と身体のさばき方の関係

て、図Ⅴ-4のように要素技術をすべて含む。こうした発想も考えられていいだろう。一定の作業を時間で測定することも可能になる。

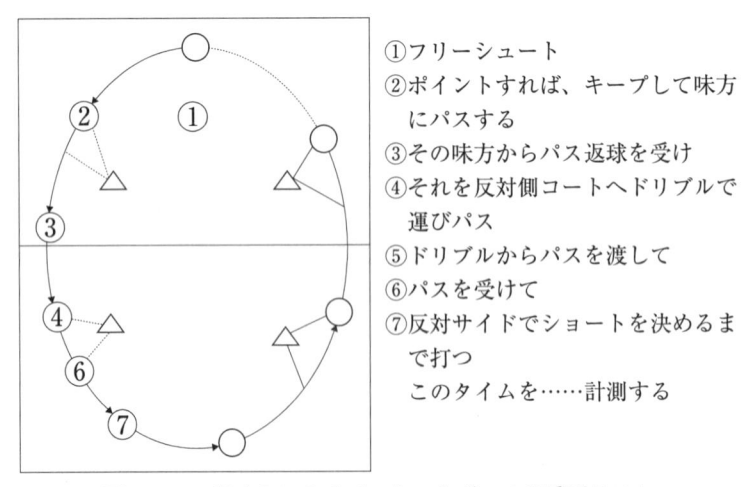

①フリーシュート
②ポイントすれば、キープして味方にパスする
③その味方からパス返球を受け
④それを反対側コートへドリブルで運びパス
⑤ドリブルからパスを渡して
⑥パスを受けて
⑦反対サイドでショートを決めるまで打つ
　このタイムを……計測する

図Ⅴ-4　坂本らによるバスケットボールの系列テスト

文　献

・古達　貴（2007）：教科体育における指導法の開発—4人制バレボールに着目して—、平成19年度教育学研究科修士論文抄、257-258、広島大学
・学校体育研究同志会（1978）：水泳の指導、ベースボール・マガジン社
・子川眞二（1994）：「運動文化の現代的課題を教科内容にするための試み」、中四国教育学会『教育学研究紀要、第40（第二部）、395-400
・坂本和丈（1971）：「VTRによるバスケットの授業分析」、体育学研究、15（5）、p.235

第Ⅵ章　教科の教育は如何なる関係性を……

第1節　はじめに

　筆者の所属する広島大学大学院教育学研究科では、ここ10年の学部・大学院改革のなかで、いわゆる「教科教育学」を冠した学科構成を消滅させた。そして、この段階でわれわれは「健康スポーツ系コース」を看板にして、従来の教科教育（学）とは一線を画したことになる。皮肉なことであるが「教員養成」と「教科教育学」の連続性・関係性を薄める、あるいは、曖昧化させる事で大学自体の組織問題状況を回避しようとする目論見があった……と、理解している。また今、こうした教員養成に絡む政策も大きく揺れている。正式には広島大学の場合、2009年に事業を開始したが、この「教員免許更新制」も怪しげであるし、「教員は6ヶ年」かけて養成するという……動きもある。

　一般的な指摘でもあるが、高校や大学の「入試圧力」が、少子化傾向によってかなり低下することが見込まれる。あるいは生徒たちにとって「入試圧力」が「圧力」として効き難くなる可能性があるような見通しがある。これは、一気にすべての現有の教科に関連して「入試圧力」が弱まるということではなく、今後の大学改革とも連動して変動すると思われる。そして、どこまでも残ってしまうであろう一部の進学困難校へ挑戦する者を除けば、この指摘は極めて現実感をもつといえる。「教育学研究」などと言うこととは関係なく、われわれの周辺の私学では、学生定員が確保できない状況が表面化している。それも相当に大きな割合である。この事は当然大学の経営問題に絡む問題であるし、学生定員確保の為に無理をする

ことになるものと思われる。学生定員が3倍を割ると、明らかに質的低下がおこるという意見もある。高校側の「進路指導の徹底」もあって、受験生の動きも完全には読み切れない。ただ、部分的にでも明らかなことは、大学に進学するために勉強を強いられるという状況は少なくなることは……多分間違いない。「大学入試のために勉強する……」のでなく、「自分の人生のために勉強する……」、そんな傾向を生み出してくれればと少しは期待もしてみるが、それはどんな方向性をもってくるだろうか。

　中学校や高等学校では、「主要5教科」と呼ばれてきた「英数国理社」も、相当の部分で「入試圧力」に誘導された学習になっていた。これが大半のところで「圧力」でなくなる可能性があると予想している。否、もう既に入試圧力を受けての学習は成立しにくくなっているのかも知れない。そして、もともと「周辺教科」や「技能教科」とか「目覚まし教科」等と揶揄されてきた、われわれ「美音体家技書」の教科は、そうした授業や学習の成立の困難性を常に体験しながら教科活動を展開してきている。それぞれの教科の必要性や教科間の関連性が云々される前に、また、「教育基本法」で示される人間形成の中身を云々する前に、一般国民の生活感覚的レベルでみれば、「社会的実利性」の高いもの、また自分の将来の生活に「有利な教科」の学習が優先されてしまうという本音的な心情も意識している。

　佐藤　学が述べてきたような「学びからの逃避」や「学力低下」論もベースにあると考えるが、いわば、教育に関連する社会システムが、そのシステム環境も踏まえて、全体論として検討されていない傾向を感じている。それ故、日本の教育土壌や歴史性・論理性からみて、日本の教育はどうなっているのかを、次の3つの観点設定からの検討してみたい考えている。

　第1の視点は、学校教育という社会システムの「内」と「外」、つまり教育システムと、その環境的要因の変動を射程にいれて考察する全体論的な態度である。言わば、ミクロ（授業）よりマクロ（制度や歴史・文化）

な視点から教育全体をみることが、先ず必要である。
　第2には、N.ルーマンや北原らのいう社会システム論の立場からみて、学校の教科活動（ミクロ）や、それらの関係性をどう眺めるかという視点の設定である。この点については、これまでにも述べてきたことと重なるが、基本的には「フラクタル」機構が想定され、極一部の「ガラクタ性」を含みつつ全体性をなしていることを確認すべきである。
　第3に、「体育科教育」に関連して、わが国の「スポーツ・システム」は、どのような特徴や性格をもつか、如何なるシステムであるかも考察の対象になる。

第2節　学校教育システムの「内」と「外」とフラクタル

　フラクラル機構（自己相似性）というシステム観の理解のためには、かっての階層的秩序論にも関係するが、北原らの整理が参考になる。彼の指摘に基づいて、学校教育システムの特徴を記述すると図Ⅵ-1のように描ける。学校教育システムも社会システムの一つであるという時、これらは、組織的に「記述された目標（例えば学修指導要領）」に誘導されて、強

①日本国憲法・教育基本法レベルにみる教育の目的：
　・恒久世界平和・正義を愛す・人格の完成、等
②学校教育法：
　・人間形成、等
③学習指導要領：「総則・教科・特別活動」
④学校教育の目的：
　・学校目標標語・教室標語
　・教科の目標：知識・興味・関心・意欲・態度・技能
　・教科単元（体育科・保健体育科）目標：体力・技能・健康・安全
　　　　　　　　　　　　　　　　　　　；学校カリキュラム・年間計画、等
　・学習指導案：単元目標・配当時間・用具管理・施設管理
⑤本時の目的：「目的─内容・方法」、等

図Ⅵ-1　鍵概念でみる目的・目標概念の階層性（松岡：2009）

第Ⅵ章　教科の教育は如何なる関係性を……

い論理と強制力を発揮して位置づいてきた……と、いえる。

　しかし、沼田らも指摘したように、現実には目標は常に二重や三重の構造をもちやすいのがわが国と特徴でもあった。わが国の教育観の重要な特徴は、「記述される目的」と実践的現実感が乖離しやすく、また目的・目標に対して関与する人々が強い「緊張感」をもって、対峙しにくい特徴がある。いわば、「それはそれ……、これはこれ……」というバラバラな関係性が形成されやすい。こうした性質や特徴が、限りなく増幅されると学校教育は計画性や目標追求性を強調する人工のハードなシステムというよりは、自然淘汰性や偶発的に変動する「自然システム」や「有機システム」に近い性質をもつことになる。そうした時、いわばこの教育システムにおける「ガラクタ性」をなすのは何かとする問題も出てくる。

　「ガラクタ性」とは、分子生物学等においても指摘される知見で、生物システム全体とは異なる論理で形成されるほんの「少し」の要素や成分をそう呼んでいる。例えば、それは、身体における癌化した細胞や、組織における個性豊かすぎる構成員、授業を混乱させる生徒、無理難題を押しつけてくる保護者……などが、これらに該当するかも知れない。何となく悪い「イメージ」で語られる例であるが、この少しの「例外」は、事の善悪とは関係していない。この不景気な時代にも、稼ぎまくっている企業もそんな例と言えるかも知れない。それは、われわれであって、われわれでないもの……こんな例えになるかも知れない。これらは、時間軸上……偶発的に大きな変動を引き起こす可能性がある。それだけに、事の善悪でなくてシステムの許容性の問題である。より大きくは、今日の学校教育のシステムが、わが国にける社会システム全体のなかの「ガラクタ性」を形成している可能性すらある。子ども達の本来の勉強は塾や体育塾でやって、学校はそれこそ「暇つぶし」あるいは「仲間と遊び」にくる……これらの例もガラクタ性を帯びている例かも知れない。授業がガラクタなのか塾がガラクタなのか……また、このような子どもが数人おれば、彼らは教室のルールや秩序を破壊してしまう可能性があるということなのかも知れな

105

い。この一見静かに保たれている授業のシステムが、何かをきっかけに大きく破壊されてしまうようなことを「アトラクター（励起性）」とよんでいる。これは逆説もあって、ある一人の人間の登用によって、企業成績が飛躍的に伸びる……と、言うような例ではこの一人が「ガラクタ」ということになる。

　社会システムの何かの系が、何かの構成がガラクタ化することで、システムの秩序や全体系のはたらきが混乱したりする。そうした場合の、システム全体の変調や破壊をアトラクター（励起性）としたが、例えとして、性質の異なる教科が学校に位置づいている。図Ⅵ-2は、各教科に関連して「解を求める方法・手段の多様性」と「解の自由度」の2軸で示したものである。数学系や物理等は、問題設定に対して「解の自由度」が低く、また、「解を求める方法・手段の自由度」にも制約がある。それに比して、スポーツや音楽等のように技能技術に関心をよせる教科群は、「解の自由度」が広く、また、「解を求める方法・手段の自由度」も高く、かつ、多様である。多様であるが故に範例化されにくく、個々のスキル習得には相対的に多くの時間を必要とする。これは数学系などの教科が、授業という枠に相対的に適合しやすく、逆に体育系などは授業設定や場所移動にともない既定の授業枠や時間設定に適合しにくい性質がある。この矛盾と言うか不適合は、「選択制授業」等で多少はカバーされているようにみえるが、授業内容による選択では必ずしも成功していない。例えば、「体力をつけ

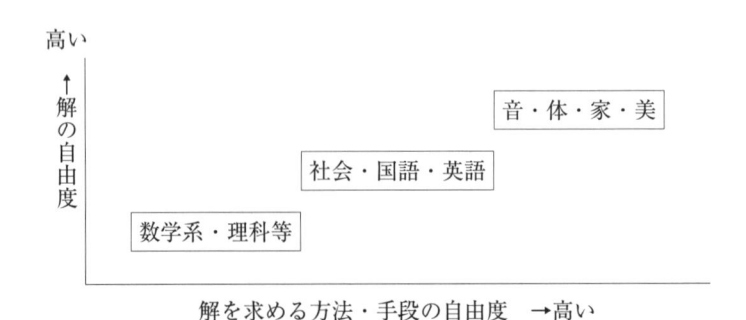

図Ⅵ-2　「解の自由度」と「解をもとめる手段」の自由度（松岡：2006）

ましょう！」という程の運動負荷をかけられない現実もある。

　さらに、もう１点追加的にいえば、学校教育システムの「軟弱化」の問題である。軟弱化とは、フラクタル機構におけるガラクタ問題というより、「選択化」や「自由化」・「連携化」によって、相対的にルール（秩序）をソフトで「やわなシステムに変化」しつつあると言うことである。学校が教育的権限と教育的権威を喪失し、個々の教師たちが授業への自信や、やる気を低下させる現象に連動している。古くからあったと言えばあったが、学校の教師は、「教育」や「指導」という面はむろん、「警察権」や「裁判権」も背負い込んでいた例がある。警察権とは、学校の秩序を守るために「持ち物検査」をやったり、暴力事件やいじめ問題の取り締まりや、予防であったりである。裁判権とは、出校停止などの処罰の決定であったりする。その教育や指導の根幹が、振り切れんばかりに「生徒中心主義」を謳っている。「やりたい事だけ……選んでやりなさい」という……教育システムの在り様が、今後ますます強化されていくと想定される。教育行政も学校というシステムも、一度根本的に問われる必要があるように思われる。何故なら、自分で課題をみつけて、自分で解決しなさい、それが「自己教育力」だ・「生きる力」だとかでは、「指導」概念をさらに低下させ、後退させてしまう可能性が高くなっている。教師達がすべきことは、「指導」ではなくて、「支援・援助」が必要という論理もあって、教えねばならない「教科内容」は何か……という教師自身の自問自答も成立しにくくなっている。

　かっての「新学力」形成論が、「生きる力」の形成に変化しても、それは表現が変化したことしか示していない。現在の学校教育のシステムは、上位教育システムの要求に準拠する形で「入試圧力」を形成して、かろうじて秩序を保ってきた側面が強い。進学校と称するような学校は「入試圧力」で、学校を運営し、体面を保ち、秩序を保ってこれたのである。そして、体育科教育等は、「付け足し」程度、あるいは「気晴らし」・「目覚まし」として位置づいてきた。それ故、「入試圧力」が弱まることは、もしかするとシステム形成の支え軸を喪失してしまいかねない事態を生み出す

可能性がある。教育のシステムは内外にガラクタ性をおびているといえるだろう。

第3節　社会システムとしての教科活動

われわれは授業という教科活動を幾つかの系として把握してきた。改めて繰り返すが、その第1は、「目標—内容—方法」といった相対的に論理性の強い系である。これには「教科教育学的循環」とも表現できる。そしてこれらが、これまでの一部大学の組織論のベースにもなっていた。しかし、元来はセット用語である。第2には実体的な側面を示す「教師—教材—生徒」の相互作用という三角モデルの系であった。これもセット用語といえる。第3には経営学の基本モデルでもある「Plan—Do—See」の時間と評価機能を強く意識した系である。第4として「状況判断」のモデルをあげてきた。それは、「選択的注意—状況判断・評価—行為の選択・実行」であった。そして、これらがこれまでは、単独の「系」で論理が形成される傾向が強く、四つの系を込みにした論理展開はさほど多くない。例えば、生きている人間の様態を、「感覚—神経系」や「骨格—筋肉系」・「内分泌系」などの多くの系の相互作用して示すのではなく、それぞれの単独の系で説明してしまうに近いような問題である。少なくとも、人間が「生きて活動」している生理様態を説明するのは、それらのすべての系が相互作用しているとみなすのが前提である。本来的には、細胞60兆の人体を形成しているし、すべての細胞同士の相互作用と言いたいが、それでは説明にもならない。臨床医学畑の区分でも、相当数の診療科が設定されているのが、内科系・消化系・眼科系に耳鼻咽喉科系等々、これらも分化してはいても、決して単独の器官（胃）だけとか、腸だけを治療の対象にしている訳ではないだろう。われわれは情けないかな、歯が痛いだけで何もできない経験をもっている。

　この第1の「目標—内容—方法」系は、いわば教師の実践にむかう思惟観念を示すと受けとめられるが、現実には生徒の側にも波及して相互作用

性をもつ。第2の「教師―教材―生徒」の三角モデルの系は、これも3者の相互作用で特徴づけられ、特に教科の実践を語る際よく指摘されてきた。例えば、授業分析における言語分析のような相互作用が「ことば」のみで行われているが如くの発想になっている。第3の「計画―実行―評価」のモデルは、時間単位の大きさという問題を含むが、例えば、吉本が「授業前―授業中―授業後」を示して「構想力の論理」として描いた経緯がある。また、中川が示した第4の「状況判断モデル」も、あわせてこの四系だけでも説明仕切れない側面がある。特に、環境系として学習指導要領の改訂や、その解説があり、学校の雰囲気、学校の運動施設、各人の体調・その日の天候・日々の不確定要素の影響が想定される。その日の天気を気にしながら、授業の内容や方法を考えるのは、今日的には、おそらく体育科だけだろう。

　これらの系の相互作用を、ダイナミックなモデルとして説明的に記述すると以下のような関係性やかかわりとして描ける。これらは言うならば、「生物体の成長モデル」に準じるようなシステムである。自動車の部品を結合するような物理モデルとは異なる。結論的に言えば、これら相互的かかわりの深いものを、例えば、教師がすべてコントロール出来ると考えるところに無理がある。現実的にみても、非常にデリケートで可変性に富んでいる。これは「授業は受けるもの」という断定性や、権威機構に支持されていなければ、コントロール不能になる可能性が高いということも意識しておく必要性がある。この学習者と教師のパワー・ゲーム的性質が揺らいでいるからこそ、学習者の都合や身勝手に左右される。まして、教師は「指導」するのではなく、児童生徒を「支援し、援助する」あるいは「サービスする」機能をもつなどという関係性が示唆されている。こんな事をまことしやかに論じる昨今において、教科の指導で「知離れ・学習嫌い」を克服する……しなければならないという教師側の論理形成やわれわれの克服課題へのアプローチというものが最初から暗礁にのりあげているのかも知れない。

　戦後の教育史は大雑把な表現をすれば、「生徒の主体性」議論を中心に

「経験学習と系統学習」あるいは「生徒中心か教師中心か」と揺れ動いてきたとみなせる。そうした意味では、今は生徒中心・経験学習へ振り切れそうな感じがある。学校の復権あるいは教科の復権は、学習者とのパワー・ゲームではなく、社会的な必要性と実利性に支えられる必要がある。「選択」という自己責任をいうのは必ずしも間違いではないが、いつの時代にも「サボタージュ」は、子ども達生徒達にとって魅惑的で誘惑的な選択肢の１つであった。

第４節　日本型スポーツシステムと体育科

　戦後の日本のスポーツは、極限定された人たちによって実践されてきた戦前戦中のそれとは異なって、学校システムにスポーツを内容の核として導入して出発した経緯がある。当初は、スポーツにかかわる「フェアプレーの精神」や「社会性の育成」に期待を込めて導入されている。学校の外にもスポーツ団体が編成され、教育的団体（？）としては「中体連・高体連・高野連」も発足した。それ以前からは発足していたものの復活もあった。これらを「教育団体」とするか「スポーツ団体」とみるかは問題であるが、これらの近代スポーツの組織と、スポーツを推進しようとする環境的整備は昭和40年までにほぼ完成している。

　また、日本型のスポーツ・システムという時、海外のそれらと比較して何か特異性があるとすれば、学校を中心にしてスポーツ活動を振興してきたという１点があげられる。ドイツの「ゴールデン・プラン」などとは大きく異なる。ところが、問題は諸外国との差異が問題なのではなく、スポーツを振興する仕組みが離齬をきたしているという点である。例えば、行政は行政の論理で国民のスポーツ活動を支援したり、しなかったりする。スポーツ団体や教育団体のスポーツ活動は「教育」という思考軸に支えられたり、場合によっては「ボランティア精神」を強調してきた。そして、それらの組織の「長」として政治家や有名人を擁立するのは、一方で

補助金に依存する体質をもちやすいからでもあろう。

　また、スポーツ産業やスポーツ・メディアは基本的に「商い」として成立している。「行政・商い・教育」の三層もしくは三角を形成する論理が齟齬をきたし、近年益々その齟齬は拡大されつつある。ここで言っているスポーツ組織とは、JOC・日本体協などであり、例えば、日本体協の傘下にある「○○連盟」等は団体としている。同様に、「中体連」や「高体連」は組織として扱い、その傘下にあるスポーツ種目は団体として位置づけている。これらは、さらに「都道府県単位」や「郡市単位」を形成している。例外的に高野連があるが、これには古くからスポンサーがついており考察の対象外とする。この組織や団体の齟齬とは、スポーツ団体の「内」の問題としては常に資金問題・経済問題がある。過去実績の承認の仕方と認め方にあり（eg. オリンピックへの派遣人数）、メダル競争があり、世界に誇れる種目やメダル獲得の優位性が極端にある。スポーツに関わりながら、資金的に豊かな団体もあれば、補助金額の多少もあり、選手の育成・選抜にかかわる対立抗争……あげれば幾らでもありそうである。ある連盟が過去におこした補助金不正使用の事件もあった。金が絡むと極普通の社会や会社組織でもあることだから、別にとりてて言うほどの事ではないのだろうが……問題の根っこがよく理解できない。また、組織論でいえば、これらの傘下の多くの団体は著名人（政治家等）を組織の長にしてケースが多いのは補助金の獲りやすさがあるということは先にもふれた。この組織的性格は……結果として著名な「老人パワー」に頼ってしまう傾向を示している。

　先にも、「中体連」「高体連」は「教育組織か？」……としたが、どんなにしても教育団体とは言えない。学校教育は、基本的性格として子ども達・生徒達全員に対して機会提供が原則であろう。大きな金ではないと言いながらも全ての生徒達が「会費」を納めている。それらは、該当の学校教育のすべての生徒を対象にしていない……スポーツ部活動の参加者だけが直接的に関与している団体だからである。それ故、明らかに中体連や高体連に属するスポーツ団体を教育団体というのはかなり無理がある。かか

わる人間が教師や生徒であって、やっていることはスポーツであるから……、だから「スポーツ団体」と位置づけているだけである。

　一方、「外」枠の日本のスポーツ・システム環境からいえば、スポーツ振興法（昭和36年）では間に合わない。だから、「スポーツ基本法」のような構想を必要としている（内海、1993）。最近では、文科省の一部機能ではなくて、「スポーツ省」の必要性を訴える動きもある。また、わが国のスポーツシステムは、今大きく二つの方向性で論じられる傾向が強化されつつある。それは、「生涯スポーツ」と「競技スポーツ」である。過去に「学校体育」と「社会体育」という区分けで調整されてきたのとは異なってきた。人々のライフ・ステージにそったスポーツ活動や運動による健康づくり、その運動の普及もしくは振興という発想が相当に前からある。それだけに、特に学校のスポーツ部活動の果たしてきた役割は相当に大きいといえる。昨今はそれを見直し、「生涯スポーツ」や「スポーツ・フォア・オール」という構想で議論され、実現化のプランも出されている。また、「保健体育審議会」は学校のスポーツ部活動は「学校の外へ」という基本方針を示している。けれども、その前に「受け皿論」があり、さらには生徒減少によって部活動が成り立たないような状況も多く報告されるようになってきた。図Ⅰ-1（p.32参照）の全体図でいえば、図の上半分の枠にからまる問題である。「オリンピック主義」ともいわれるベクトルと、多くの人々の教育や健康追求のベクトルが一本化されることは……多分当面見込めない。

第5節　そこでの提言

　教師たちの頑張りで耐えている「授業づくり論」は別にして、これまでの論述に立脚して学校を中心にした『地域連合型のスポーツ活動』を提案してみたい。また、その在り様との関係でスポーツ教育を考えてみたいと思う。

　学校や教育団体（？）の競技と、勝敗に傾斜したスポーツは、いきおい

「交わらない」仕組みを部分的にでももってしまう。「中学生同士」・「男子だけ」のように、これらは一定の制限を付した「平等性」を尊重しているが、これは勢い競技を平等に成立させる仕組みということである。親父世代や中学生も高校生も男も女も「交わる」仕組みとしての、スポーツ競技とその運営のシステムを考えていく必要性がある。先にも述べた「中学校区」をベースにしたシステム創りである。これまでの、単一の「小学校区」をベースにしたシステ創りは、ほぼ満杯状況にある。こうした「小学校区」をベースにしたスシステム創りではなく、複数の小学校区と中学校校区を基準にしたものが構想されるべきであろう。次の章で改めてまとめるが、幾つかの小学校をベースにした中学校区で連合性をもたせ、複数のスポーツ施設を実施可能な条件を探ることである。スポーツはどんな形であれ、「勝―敗」は、つきまとうし、「レギュラーとノン・レギュラー」との葛藤もある。「応援する―される」という関係を背景に、「交わる」仕組みとして、システムを再構築しようという提言である。

　文部科学省は「総合型の地域クラブ制」を展開しようとしている。筆者が提案する「地域連合型」の学校使用を構想する案と類似する側面もあるが、日本は世界でもまれな程、学校を中心にして、スポーツ振興を図ってきた国である。さらに、地方行政も地域に相当大きなスポーツ施設を建設してきた。既に、箱モノ建設の時代ではなく、学校施設のメンテナンスをはかりつつも、ソフト面で知恵を絞る時代が来ていると考えている。この具体案は次章に示す。

　合わせて、学校の体育の授業は時間制約や場面制約を強く受けるので、45分〜50分という他の教科との都合合わせでの「枠」を壊して「選択制」で実施するという提言を行いたい。今のままの選択制では、余りにも中途半端という感想と印象ががある。けれども当面の策として、互いに「地域行政」―「地域スポーツ団体」―「学校」が、考え方や想いを言いたい放題の議論が必要である。大きく期待されたが、「サッカーくじ」で集めた金が食い潰されていくのは、ほぼ間違いないことであろう。天から降ってくる金など当てにしないで、それこそスポーツする者の「自立」の時が来

ていると思うべきであろう。

文　献
・北原貞輔、他（1991）:『日本的システム思考』、36-41、中央経済社
・内海和雄（1993）:『戦後スポーツ体制の確立』、不昧堂
・雨宮俊彦（2001）:『相互作用で解く心と社会』、関西大学出版部
・佐藤　裕（1982）:『スポーツにおける競争―協同　―集団場面の類型化と場面構成―』、新体育社

第Ⅶ章　日本の生涯スポーツ構想に関するシステム論的考察

第1節　はじめに問題と思うこと

　われわれは生涯のうちに実に多種多様な運動を学習する。スポーツ的な運動のみならず、もっと生活のベースになるような「匍匐」・「歩行」・「駆け足」も、また「階段の上り下り」も「ボールの投捕」・「自転車に乗ること」・「自動車を運転する」ことも、いちいち学習してきている。一方また、われわれは加齢や疾病などで、その獲得した能力を劣化させたり、喪失したりもある。従って、積極的にこれらの能力を維持し発達させようとしなければ、その生涯は随分不自由なものになってしまう可能性がある。

　現実に日本の高齢者をみれば、盛んにゲートボールやジョギング・ウォーキング・水泳等に取り組む人達がいる。各自の健康のレベルを向上させたり、維持していくなかで、運動の果たしている役割は極めて大きいものがある。厚生労働省の試算によれば、運動を継続することの経済効果は大きいものがあるとしており、また特に中・高齢者の医療費を圧縮する意味での経済効果も期待される。筆者等の親しい内科医師は、運動を継続することで相当の程度、特に「生活習慣病」の苦労等は回避できる可能性があるとする。

　そして、学校制度としての保健体育科も運動やスポーツを生涯継続していく下地というか基礎をつくることを期待されるようになっている。この事は、20年以上前からの「楽しい体育論」にかかわる「めあて学習」・「選択（制）授業」や「習熟度別授業」の導入にもかかわって、大きく「個別化」の路線が取られてきたことになる。ただ、学校での体育科・保健体育

科のこうした取り組みが、現実の社会人の生涯スポーツ的活動にどれだけ連動しているか、あるいは如何なる影響を与えているかは、目下の段階では……まだ確定できない。

また、そうした運動やスポーツの指導のシステムも、今や学校や教師の独占物ではなくなってきている。運動指導に関して、何種類もの指導ライセンスが設けられ、民間の「体育塾」や、企業体が経営参入する「健康スポーツ産業」も、都市部ではかなり一般的になってきた。加えて、県・市町村の地域行政体やNPOが主催する「総合型地域スポーツクラブ」が試行され、注目されるようになっている。けれども、この「総合型地域スポーツクラブ」の構想は、初期的に「サッカーくじ（toto）」の不振があった。つい昨今の新商品の開発による、巻き返しもあるが、平成の市町村合併もあって必ずしも計画的に思惑通りに進行してきたとは言えない。

「総合型地域スポーツクラブ」などの構想やその実施は、通常の市民からみれば選択の余地が広がったとも言えることである。また、児童生徒にかかわって、よく指摘される「運動実施の二極化」、あるいは「体力の二極化」といった懸念される事態と傾向がある。概して言えば、大人達が受け入れようとしている「生涯スポーツの精神」とも言えるものは、必ずしもその方法・手段・手順や実施体系を十分には示し得てはいない。それ故つい無理をしてしまう例があったり、過剰な期待をもったり、結局継続は難しいといった……結末を迎えてしまうことも少なくない。「生涯学習社会」や「生涯スポーツ社会」の構築ということは、例えば、「地域活性化」・「社会参加」といった社会的キャンペーンとも連動するものである。運動・スポーツの継続的かつ定期的実施に関して、文科省は「スポーツ振興基本計画」をたて、2001年から10年計画で「早期に成人の50％が週1回以上スポーツを実施できること目指す」・「競技においてもオリンピック夏季冬季でメダルの3.5％を獲得することを目指す」とする。けれども、これらの目標設定は、数字をともなう具体的なものではあるが、50％という数字も、そしてまた、成人の運動実施や体力の二極化問題も依然として厳しい状況にあることは変わりない。中・高齢者が大いに関心をよせ、運

動・スポーツの実施者が増加しているとはいえ、なお、大きな壁があるように思われる。それらを単純化すれば、「社会」と、「社会にある教育装置としての学校」や、同様に「社会にある家族や近隣がうまく『系』をなしていない」と言うことかも知れない。逆に言えば、生活様式が著しく個別化して、コンパートメント化が進み、また、個々人の健康や体力問題は個々人の問題とされてしまっている可能性も否定できない。けれども、単純に個々人の「価値観」だけの問題でもなければ、「時間問題」・「法的問題」や「経済的な問題」だけでもない。それらの複合的な相乗的効果ともいえるだろう。

　そこで、本課題設定においては、この「系」をなしていない、あるいは「系」を保とうとしてしていない状況を、如何にして「系のあるもの」に変換できるかを検討することが目的である。元々「系」を保たねばならないものが、現実にはバラバラであるということの確認になる可能性もある。その為に、①社会を眺める視点を検討し、②学校や授業を眺める視点を探りながら、③個人や家族関係を眺める視点を、それぞれに重ねながら、問題の性質を明確に記述できればと考えている。つまり、こうした社会的な問題点の具体を明示することにより、それが如何なる性質の問題かを明らかにする手続きが優先する。これはシステムの齟齬問題や、システムの志向性の問題かであろう。

第2節　研究対象とシステム観

第1項　研究対象としての社会や家族・組織

　社会システム論が示唆するところの、第一の特徴は「すべてが……すべてにつながる」という性質である。また第二に、それ以上の特徴として「全体と部分」との関係性が問われねばならない。研究と検討の対象の何を「全体」とし、何が「部分」になるのか、この「全体―部分」関係の問題は、われわれが扱おうとするテーマに直結する。「部分A―部分B」の関係と、「部分C（部分A・部分Bの関係を含んだ）―全体」の「接合部・

接合点」や関係性において問題は発生しやすいことはよく知られている。人間関係の場合も、その個々人の範囲における言動が、時として他者を傷つけたり、トラブルの元になることが多い。これらは、人間関係が直接的で近く、関係性が濃密であればあるほど、場合によっては深刻で厳しいトラブルの元凶になりやすい。相対的に独立している個々の人間達のその関係性において問題は発生しやすいということである。その該当の個々人が、他者との関係をもたない場合にはトラブルも発生しない。この性質は、機械のような人工システムにおいても同様で、機械的「接合部」や「接合点」において故障やトラブルを発生させやすい。あるいは関係性そのものが問題である場合がある。

　ここで、1つの家族関係（例えば、父親・母親・息子・娘の4人家族を想定すると）においても、それらの関係性は必ずしも固定化した「像や実態」があるわけではない。時として、この関係性が相互に憎しみに満ちていたり、信頼関係が強く再認識されたりする。しかもこの家族関係は、時間系を加味すれば、「揺らぐ関係性」としてあり、夫婦関係・兄弟関係としても、必ずしも一方向の安定系のみでなく、相互に「揺らいでいる」関係性を見て取る必要がある。それ故に、親子関係や兄弟関係とても意外ともろい側面をもってしまう。近しい故の関係性のもちやすい性質の例である。

第2項 「全体―部分」関係と多重性

　さらに、本題における「全体―部分」関係は、全く機械論では説明でき得ず、この事は機械と人間の成り立ちを比較すれば明らかであろう。機械はもとより全体的機能や働きを想定してつくられるが、基本的には部品の寄せ集めである。人間のような動物種は、学びながら成長し、死滅もふくめて発達・変化するものである。その過程は基本的に「成長」する。量的にも重量的にも変化し、体重は増大するし、身長も大きくなる。さらにもとの生誕時にはほぼ全体を構成するもの（機械論では部品）がそろっている。それ故、その人間が形成したり、かかわったりする社会や組織や家族は、有機体と表現する方がより正確であろう。もともと、われわれの生活

に関連して、社会的なるものすべてが時系列でほとんど関係している。この時間にかかわり、空間に動く人間の様を緻密に正確に描き出すためには、そもそもその個人が「揺らぎ」をもつということと、同時に関係性が「揺らぐ」という前提が必要である。

　例えば、われわれが生活する空間を、筆者の生活に即していえば、「地球人―日本国民―広島県人―東広島市民―西条町民―町内会員」あるいは職場に即して言えば「広島大学―教育学研究科（教育学部）―あるコース―B309研究室」と言うように、主たる生活の場に関連して階層的に描くことは一応可能である。けれども、この概念の「系」は時間を含まず、われわれが同時的に多重な生活の場をもっている事を示している。また、一方でわれわれが、＜朝起床して→洗顔をして→朝食を摂り→着替えをして→車を運転して……＞という時間系は、ほぼルーティン化された日常の行動であるが、その事で次々に「場」を変え、「服装」を変え、「気持ち」を切り変えながら行動する。

　それでいながら、日本国民であることや広島県人であることはかわらない。それらの変化を意識するのは「税金」を考えたり、町内の大掃除などにかかわる時である。これらは、一連の生活の場と行動の意味を考える時に限られる。「時間」をより重視する・意識する見方と、「場」や「関係性」をより強く意識してみる見方によって問題の性質が異なってくる。

第3項　生きている「システム」と「環境」

　また、取り扱う問題や対象について、われわれは、システム論でいう「システム」と、その「環境」という関係や角度からみればどう位置づくか。また、どのような「時間性」や「場」や「関係性」に位置づく問題であるのかも検討されなければならないとしてきた。われわれ日常的に生活する人間にとって「環境」は、人間の「表皮一枚外の世界」というだけの事ではなく、これも多重的である。むしろ、表皮1枚外の世界、その世界を該当の人間はどう認識しているかが、この際一番重要な問題であるともいえる。われわれが、授業（教育）や家族・地域・学校あるいは茫漠とし

ている社会をシステムとして記述しようとする際、「静的な物体」としての対象ではなく、動的で変化に満ちあふれ、時として「進化する社会」とも言われる対象である。これらを描こうとする際の要点・手続きは、それらは「生きているシステム」であること、また、絶えず変化する可能性を含んだものであることを認識しておく必要がある。おそらくは、すべての事象が、他のすべての事象と空間と時間でつながり、多重的な階層性で機能的にもつながっている。われわれの目や耳やの感覚で察知できないから、関係性がないのではなく、今は特にその関係が見えにくく複雑化しているという事の裏返しである。例えば、先に示した図Ⅱ－2（1章図 P.33）に即して、筆者の車をみると、アラブのどこかで原油が生産され、それがタンカーで日本に運ばれ、どこかでそれらが精製され、その製品の1つであるガソリンがタンクローリでスタンドに運ばれ、それを金を払うことで入手することで車が動くという、一連のルートに幾人もの労働や彼らの技術が関与しているか。また、車そのものの材料である、鉄やゴムも、場合によっては技術も同様であろう。これは、筆者の朝の食パンででも観察したところである。

　そこで本論では、この目に見えにくいものを表面に晒しながら、「システムを開いて……システムを閉じる」とでも表現するような手法を考えた。つまり、ある問題事象の影響要因の全体を「遠景」で観察しながら、「ズーム・アップ」や「ズーム・ダウン」をして、直接的な要因を確定し、解決方法を探ってみるという、その方法を提案したい。

第3節　「システム」と「環境」と幾つかの概念

第1項　時間と場と役割

　時間をラフに考えれば、われわれはほとんど同時的・重複的に該当のシステムの場を渡り歩いていることになる。その際、格別な「渡り」になっているのは、「場所的な移動」や「時間的移動」、「服装更衣」あるいは「挨拶場面」等である。そして、われわれは職場では職場での役割を果た

そうとし、家の中では、また家族の一員であるが如くに振る舞う。人々は、「場を変え（家から職場へ）」、「時を変え（仕事ごとに）」、「服装を変え（ネクタイをしめたり外したり）」、「気分を変える（緊張やリラックス）」ことで、その場に住まう。人間の行為には、「場」と「時間」が、「気持の切り替え」になっているといえば大げさだろうか。

第２項　フラクターとアトラクター・ガラクタ性

　その場所・その時間において、それらしく振る舞うことにおいて、われわれは「フラクタル（自己相似性）fractal」・「アトラクター（励起性）attractor」等の概念を当てはめてみることが可能である。われわれは、日常の生活者という「全体性」からみれば、時間的全体性を描くことになる。経済的にみれば、家計簿の世界での金の入・出力があり、大げさに表現すれば金額の規模こそ違うが、国の機関や行政体が「税金」という「収入」を、何らかの基準で割り振り「収支」を計りながら「経済投資」を行うに近い。われわれの個々の家族も「収支」を計算する。その家の息子も毎月の「小遣い」を貯めたり赤字を出したりする。こうした関係でみると、「税金」・「月給」・「小遣い」は、規模こそ大きく異なるが、家族であろうと、会社であろうと、個人であろうと行政体や組織とみなせるものすべてに通用する「フラクター機構（自己相似性）」が認められる。家族とて、「意志決定」の機能や「経済行為」や「教育機能」を発揮している。経常的に「赤字決済」はつらいが、それはどの組織でも同様で、こうした事によって発生することは、「入りをはかりて出を制する」という原則があるのみであろう。また、こうした経済行為のみならず、ある組織の「意志決定」もそのルールも、経済に関連しながら大きく関与する。その「意志決定」や「決定権限」が大きく揺らぎ、決定権限への関与が歪むと国家予算も家計ももたず、それを修正することもできなければ「破綻」という動きになる。そうした見方でいえば、今は政府や地方財政を含めて、日本中が破綻の嵐に見舞われつつあることになるのかも知れない。

　また、少し違った見方で家族や組織体を観察するとき、「経済行為」や

「意志決定」のみならず、「情報創出」や「情報伝達」等の機能の問題がある。これらの中身を含んだ状態で、フラクターが動的に作用しているのであり、これらはそれぞれが単独に作用している訳ではない。そこで、「水準」や「階層性」に加えて「自己組織化」問題が出現することになる。

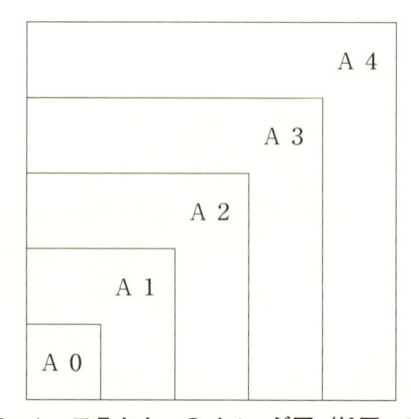

図Ⅶ－1　フラクターのイメージ図（松岡：2004）
図1は、「全体Ａ4」に「Ａ0」や「Ａ1」が相似であること、
互いに入れ子構造をもつことを示している。

　加えて、アトラクター概念の場合も、通常「励起性」と訳されている物理学上の概念である。これは、組織や人体の運動がもつ特徴をも示す概念といえるかも知れない。一定の安定状態のなかで、幾つかの複合的条件が整うと、一気に爆発するように仕組みが動く性質を表している。
　また、山本はテニスのフォアハンドとバックハンドの打ち分け実験で、身体の「肩」と「腰」の動きを記述するためにアトラクターとフラクターあるいは「フラクター遷移」の概念を用いている。安直な理解と表現になるが、訳出を社会学的に意味づければ、ある一定の安定系のなかで、幾つかの条件や状況が変化することで、あとの全体の反応が一気に吹き出すように出現することを意味すると捉えた。あるいは先に述べた、「ガラクタ性」との関係でシステム全体や部分に大きな変化が発生する可能性がある

とした。弓やアーチェリーで、矢を射る動作に例えれば、絞るだけ絞った弦を（矢を）……離すだけの動きで、矢は急激な運動を起こすような例に例えられるだろうか。

第4節　経験や学習に例えて言えば

　われわれは、運動・動作に関してもその生涯では、実に多くの事を学んでいる……と、した。これは K.マイネルによれば、多様な経験や学習が全く脈絡なく、時間系列のみで行われているのではないことを示している。例えて言えば、先にも確認したが（図Ⅳ-3 歩行獲得 P.71）、「這えば……立て、立てば……歩めの親心」とでも表現されるように、大きくは一定の順序性が想定され、運動学習の至適性が指摘されることもある。さらに、「基礎・基本」の重要性がよく指摘されるのも運動学習や経験のなかみを問題にする際、漠然とはしているが順序性や関係性の重要性がよく指摘される。また、運動学習に限らず、ある事柄を学習する際に、過去に習得している事柄と結びつきがある方が記憶化が進みやすい。また、算数における「加・減」は、日常の生活との関係性が深いから、さほどつまずきは深刻にはならない。ここでいう日常の生活とは、日常の「買い物遊び」や「石ころ遊び」・「おやつの買い物」などが該当するだろう。ところが、これが「乗・除」になると日常の生活範囲を超えてしまう経験である。そう言えば、われわれの子ども時代の掛け算の習得は、「九九の丸暗記」であった。
　また、水泳のスキル習得について、どの泳法がより早く指導されるべきかとする議論がある。否、これも「泳法のどれが良いか」という問題より、その前にどれだけ「水に馴染んでいるか」が先行するといえる。逆位姿勢（もぐり）や呼吸のコントロール・視覚の確保といった内容が、クロールや平泳ぎという近代泳法に先立って求められることである。いきなり手の動かし方はこう……脚の動きはこう……息の仕方はこう……は、だからこれからプールに入って「それっ……クロールだ……」は……ないだ

ろう。

　以上あげた例は、個々人がどれだけ経験し学習するかに関する問題であるが、例えば複数の子ども達の集団的スキルの学習に関しては、やや様相が異なる。よく例に出されるサッカーの場合「ゲーム様相」の初期的段階では、ボールに群がり、どこへ蹴るとか、どんな強さで蹴るとかは問題にならない（ダンゴ状態）。ただボールを蹴りたいだけの欲求が先行している。ボールは、ほとんどパチンコ玉状態で、ただ、あちこちに当たり衝突し、はじけるばかりである。われわれが注目すべきは、このボールをただ追いかけて蹴ることからの「脱皮」が問題になる。これらの事は教師が注意をすれば、子ども達が気づくというような単純な問題ではない。子ども達各人がもつ「蹴りたい気持ち」をどうすれば、より多く蹴ることが出来るかとつなげることを学習させる必要がある。かって、「ゲームの様相段階」として、確認されてきたことでもある（江刺、1999）。

　一方、知識や認識の発達や長期記憶化はいかなる仕組みや順序性をもつのか。ここにも先に述べた先行知識や先行体験との結びつきが問題になる。その先行経験・先行学習との関係を意識した指導と、常に新しい事案としての学習や経験との差は相当に大きいものがあると推測される。ちなみに、大学（中・高を含めて）の入試のための受験学力が現実的には重視される昨今ではあるが、制度的にどうという問題より、試験がすめば大半は忘れ去られるところに、ある種の「社会的無駄」という感覚が残ってしまう。選抜の機能を果たしているからとて……必ずしも有益を保障している訳ではない。

第5節　体育授業の記述

第1項　対人接触行動（相互作用行為）
　学校や教室は、そこにいる人間の相互作用の行為の成立基盤である。これまでの論述に従って言えば、学校や教室は、教育の条件やそれを成り立たせている「法律」や、「税金」の投入を受けて運用されている。また、

親も「給食」や「教材費」の代金を学校に納める。学校や教室は、もしかすると親の「期待」や「評価」の渦巻のなかにあるともいえる。さらに、もう少し言えば、学校という建物や教室は、社会的な文化的装置として、教師達による子ども達への働きかけと、子ども達の経験の量質の変化と、それらの「変化の方向」を扱うシステムである。変化の方向とは、「わからない→わかる」、「出来ない→出来る」、「面白くない→面白い」を等の方向性を意味している。われわれも、また変化の方向を問題にすることになる。

　ただ、これまでにも見たように学校（教員）も「経済行為」を行い、また、「意志決定機能」や、その「伝達機能」のために職員会議をもつ。加えて、「研修会」も多様に設定される時代になっている。意志決定のための組織やルール、また、子ども達・生徒達が「落ち着いている・いない」も、その学校の文化的背景をなしている。それぞれの学校が、それぞれに異なった雰囲気をもつのも、その形成された歴史や、かかわった教員たちの影響があるからといえる。これらのことは、学内にトラブルや事件が発生したときに特に動きとして顕在化しやすい。

　こうした、学校の内外に発生する問題やトラブルの解決に対しても、社会学的な発想を持ち込むと、相互作用としての「対人接触行動」が決定的に重要になる。この対人接触行動は、大きな特徴として「説得と納得」の相克として常に存在する。子ども達と教科内容にからむ学習指導に対しても、やはり「説得と納得」の相克の歴史の積み重ねと言えなくもない。かって、吉本が教室の時間や「歴史性」を重視したように、学校も学級も若干異なった文化的雰囲気をもつ。教師の「やさしい─厳しい」や「丁寧─乱雑」も、あるいは授業が、「分かりやすい─分かりにくい」・「〜がうまい─〜が下手」も、もしかすると、重要な学級の雰囲気の「成分」である。学習指導要領に示される「総則」や「教科」・「特別活動」などと、各学校や各教師がもつ文化的傾向との関係は以下の様に描けるかも知れない。

　こうした限られた時間や空間を想定するとき、教科指導が大切とか、特

別活動がより重要とかの論理より、「関係づくり」が「対教員」・「対子ども達」にも重要になる。けれども、こうした関係性の構築や、「説得―納得関係」の形成のための「訓練」などは、「アサーションプログラム」や「教師向けのコミュニケーション」の重要性を除けば、ほとんどの教員養成プログラムのなかでは皆無に等しい。さらに世の教員たちの職務内容は「教えるという行為」のみならず、また、先にのべた「経済的行為」のみならず、時として「警察権的行為」や「裁判所の行為」、場合によっては「銀行的任務」もありうる。雑多な職業的内容が各教師達に降りかかっている。とりわけ子ども達におこる問題は、学校が背負わねばならぬ……と、ばかりに学校は雑多な役割を果たすようになってきた。子どものハンカチにまで気を配り、生徒の「悪戯」に謝罪に行ったり、果ては警察への貰い受けまでやらねばならない。さらに、スポーツ部活動の担当では、その「スポーツの指導者」であることにみならず、「車の運転手」であることを求められたりもする。

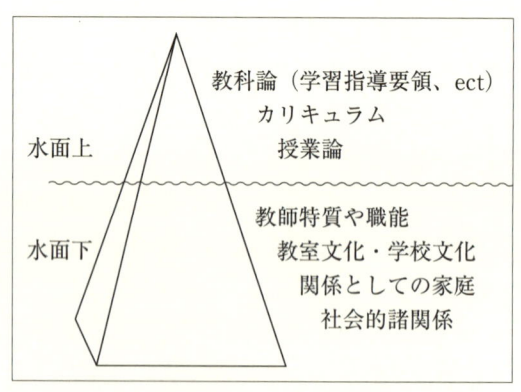

図Ⅶ－2　教育の氷山モデル（松岡：2006）

水面上　教科論（学習指導要領、ect）
　　　　カリキュラム
　　　　授業論

水面下　教師特質や職能
　　　　教室文化・学校文化
　　　　関係としての家庭
　　　　社会的諸関係

第2項　体育授業での「系」

われわれが、教育のあるいは授業の「目的・目標」を論じ、カリキュラムを検討しながら、いざ「授業」の場に臨む際、少なくとも4つの系を問

第Ⅶ章　日本の生涯スポーツ構想に関するシステム論的考察

題にする必要があるとしてきた。何度も記述してきたことであるが、その第1は、この場には「目標―内容―方法」という、いわゆる「論理系」があるとされること。そして第2に、「教師（作用項）―教材（媒介項）―生徒（被作用項）」という「実在の系の関係性（相互作用）」があるとみなされていること。第3に「Plan―Do―See」あるいは「その都度のプログラム変更」という「経営学的な情報処理」があり、第4にその都度周囲の様子に気を配って「状況判断」するの、4つの系が同居しているとみなせる。そして第1の「系」は、どちらかと言えば、教師（作用項）の内部にあらかじめ「ある」あるいは「形成される」志向性であり、論理性の強い側面である。第2の系は「授業の三角形」とも呼ばれてきたものであるが、「作用項―被作用項―媒介項」の、典型的な相互作用の関係性を示すものであり、行為として顕在化して外部から観察可能な側面である。第3の評価を含む「経営的な状況判断」は、教師の側の考え方や価値基準や、生徒観・教材観に依存しやすい。最近の評価論にみられる関係性は個々人の教師の「外」に「評価基準」があるようにも思われる。それも教えた「内容」に即してというより、複雑な作業を前提にした「到達度評価」になり、総括的評価では特にその傾向が強いといえる。

　ここまでの体育授業をシステムとして観る立場からいえば、体育授業（特に体育科だけではない）は、少なくとも4つの系の複合体であり、それどれの「系（関係性）」が、他の3つの系と相互作用をもつことで成立していることになる。時間軸を据えると、「授業の前」により強く働くのは、「第1の系：目的―内容―方法」の論理系である。授業の最中と事後により活発に作動するのは「第2系：授業の三角系：教師―教材―生徒たち」の「相互作用」と、「第4系：状況判断」といえる。
　この4系の相互作用に関与して山下は、なお一般的志向として、吉本にならい「**陶冶＝訓育の統一**」・「**教授＝学習の統一**」・「**認識過程と集団過程の統一**」という、重要な3側面の統一的把握を強調している点である。これらは、おしなべて、目標論に関連する「システムの条件設定」と言える

127

だろう。

第3項　教科と授業の目的を論じる

　そして、この生きたシステムの目標・目的に関して一見自明のこととされるが、意外と自明でないのが「目標・目的」に関わる問題である。「目標とは誰の目標か」とする目標・目的の**人称性や所有性**問題であり、同時に関係性の問題である。また、「Plan―Do―See」に対応する循環機能と評価機能としての「評価基準・評価方法」の関係性が問題になりやすい。つまり当然のこととして、論理としては「系」をなしているべきものに、「系」が成立していない可能性があると言うことである。極論して、例を挙げれば、教師は教師で、校長は校長で「バラバラの行為」をしてしまう可能性や、時として「思いつき」や「その場凌ぎの対応」になる可能性が相当に高い。それは場所や時を選ばない……急に想定外が降ってくるとわれわれは慌てる。

　沼田は、日本の教育の仕組みには目的・目標などという概念は成立していないと指摘したが、日本の文化様式においては無理なからぬ事なのかも知れない。確かに目的・目標はどこにでも記述されている。教育にかかわる法制度では「教育基本法」にも「学校教育法」等の法律文においても、また各学校の石碑文にも、教室の前にも「希望・願望」か、もしくは「目的・目標」かが書いてある。そして、最も教育現場に近い「学習指導要領」には、ご丁寧に「教科の目標」から「領域・分野の目標」まで細部に渡って記述されている。けれども、それらの記述内容を諳んじているような教師はむしろ少ないだろう。緊張観をもって意識している事も少なかろう。学習指導要領の教科の目標に対して緊張感を記憶している、諳んじているなどという人は、むしろ珍しいといってよい。これらの「誰か」によって「記述された目標文面」と、日々に教師たちが意識し達成したいと思っている「意識下にある目標」との意味内容とは、現実に相当に乖離していて当たり前のような状況がある。確かに一般論として描かれることと、具体的実践の場での表記とは異なるもの無理からぬこともある。そ

第Ⅶ章　日本の生涯スポーツ構想に関するシステム論的考察

れでもここで、それらの関係を改めて問えば、誰か他者によって「記述された目的・目標」が「さあ……これを目指して、おまえ達は子ども達に教えるのだ」と、教師達に迫って、命令・指示していることになる。教育職にある者でなくとも、「意識して達成したい状態（目的・目標）」は、自分で考えることであるし、ここに決定的な違いがある。未来に対して、「どうしても○○を達成したい状態」にと、「緊張感」をもって事に対処しようとする行為と、「○○すれば、それは出来るだろうとする方法や手段」の「可能性」や「仮説」を自覚していることが、「目的をもっている」ということの証である。だから、達成したいことに対する方法や手段・手順に全く見通しがない時に、また、方法・手段が分からない時に、われわれは、より正確には「夢」や「願望」を持ってはいるが、目的・目標は未だ持てていないと理解すべきである。このような状況では「目的・目標」をもっているとは言わない方が多分正しいと思われる。

　目的・目標の「人称性・所有性（仮説の自己形成）」・「緊張感」と「方法・手段・手順」への見通し（手段への仮説形成）について議論してきたが、では、子ども達・生徒達との関係性ではどういう状況を想定できるのだろうか。教師達の「はたらきかけ（説明・発問・評価・激励・叱責等）」を受け、また、はたらき返す（例えば、『憎たらしい』・『わからない』・『できない』等の発言やサインを送る）、そのような関係性が、基本的な授業の過程といえる。吉本は、教師の仕事の重要なステップの第１として、子ども達が「学びたい」と、自らの目標に転化されることの重要性を何度も説いた。その過程で「アタック論」や「タクト論」・「ドラマ論」を構成してきたと理解している。一般論としての表現になるが、子ども達・教師達の「変化の方向性」を教授学的「構想力」を位置づけた吉本は、これらを「教授学理論」として記述しようとしたが、彼の理論が、最もダイナミックなシステム論として、授業の関係性を示してきたと捉えている。

第6節　生涯スポーツ社会への構想

第1項　二極化社会にみる子ども達・大人達

　今「格差社会」という表現がよく聞かれる。労働賃金において、雇用関係において、また医療や健康にも格差が指摘される。むろん「教育格差」や「学力格差」にも枚挙にこと欠かない。今、若者や子ども達にかかわっても以下のような指摘がある。子ども達・若者達の運動を実施する、学ぶ、継続する等の「生涯スポーツ」へ取り組みは、一方に毎日のように運動をする者や成人と、対極的にある状態の者や成人がいる。そして、このような子ども達や人々がいる一方で、そこから完全に離脱し浮遊し、拒否する多くの人々をも生み出している（二極化問題）。こうした状況を概観するとき、これらのシステムは如何なる性質をもたねばならないのか。おそらくは学校の体育の授業だけの問題ではなく、また、行政サービスの質量だけを問うのでもなく、また民間の営利サービスと経済性だけを個々個別に議論するのでもない。いわゆる、それらの統一的議論を必要としている。また、「二極化」ということを「スポーツや運動の好き嫌い」とか「体力があるとか、ないとか」だけではなくて、大人にも子どもにも見られる「二極化」をどう捉えるのかという問題である。しかし、残念ながらこの事に対する一般的な理解は、まさに個々個別の議論としてしか展開さ

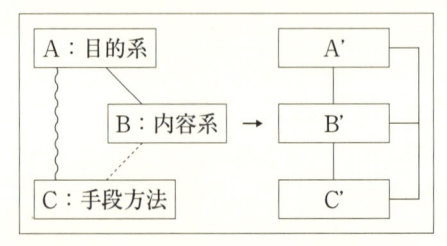

図Ⅶ-3　授業における3系の関係変化

※この図では、目的目標にかかわる人称性の曖昧さや、手段・方法ひいては手順がみえていない左半分から、条件として伴う右半分の状況への移行を示している。

れていない。

第2項　「生涯スポーツ社会」構想を語る

　これは純然たるスポーツや運動の領域や分類論だけの問題ではなく、特に中・高齢者からみれば、健康追求や交流欲求という意味も相当にあると思われる。これらは、まさに個々人の「生き様」の問題でもある。何もすべての人々に、運動しなければダメだと決めつけて、運動実施を脅迫的に迫ろうとしているのではない。けれども、運動やスポーツのもっているポテンシャルについては、生活の重要な側面であることは強調しても、し過ぎることはないだろう。

　これまでも、こうした中高齢者のスポーツや運動は、単純に本人達のモチベイションのレベル問題ではない側面がある。本人達だけの健康問題・本人たちの交流問題であるのではなく、地域の経済的問題でも国家の経済問題でもあれば、国民的生活問題でもある。過去の一時期に、「病院の待合室からゲートボール場へ」というキャンペーンがあった。こうした取り組みは、何より個々人の「幸福感」の高揚や、「健康意識」の自覚と連動させねば意味をなさない。国家予算のすごい割合を占めている医療費は、そのとどまるところを知らず、その割合を減少させることは大きな意味をもつ。けれども、現実に年齢を重ね、疾病や傷害とつきあわねばならぬ人は決して少なくない。健康で元気な人は、さらに運動やスポーツに親しんで健康度を高める可能性は間違いなくある。しかし、逆説的でもあるが、すべての人々が運動やスポーツを楽しめる訳でもない。健康な人々は、益々運動して健康になり、益々交流範囲が拡大する。皮肉ではあるここにも二極化の傾向を感じている。

第3項　学校開放事業のヴァージョン・アップ

　過去に、そして今も、学校の「開放事業」として約40年の歴史をもつ体育施設の開放事業があったし、今もある。この場合、「小学校区」を中心に、「ママさんバレー」等が非常に盛んである。どこの小学校にも夕方8：

00頃からママさん達が、子ども連れで集まったり、子どものお守りは交代でやっている。これは、これで1つのフラクタルを形成していることになる。これらに対して、地理的に遠近をつけて観察すれば、ほとんどどこの小学校でも「ママさんバレー」・「スポーツ少年団のサッカーやバレー」が行われている。一方、中学校や高校では、部活動の影響や、行政管理の違いからか、定期的に使用されることは相対的に少ないといえる。この観察を遠近的にみれば、以下の問題が指摘できる。

①ほとんど、どの小学校でも同じような活動が行われている。その実態は学校の信頼もあるのか「既得権扱い」に近い。こうした場合、学校も団体も比較的閉鎖的雰囲気をもちやすく、他者には接近しにくい性格が表面化しやすい。
②こうした小学校区を中心にした学校開放事業の場合、その交流範囲は慣れ親しんだ日常を提供するが、その範囲や人的関係性は固定化しやすい。
③この状況を引いて遠方からみれば、簡単な理屈で、「中学校区連合型学校開放事業」が提案できる。

　これは、中学校区として学校開放事業として再組織化しようというものである。何故ならば、ママさんバレーや卓球は、基本的にその学校の子ども達が帰宅したあとの活動として展開されてきた。今では、特定のスポーツ団体や運動をする人達の「既得権」としてほぼ定着している。学校サイドも信頼できるグループや団体ということで便宜を図っていることは先にも指摘した。
　そこで、仮に平均的な組み合わせとして、小学校2校と中学校1校の「学校連合」を考えると、図Ⅶ-4のように、広い狭いはあっても、グランド3面、体育館が3館、場合によってはプールも複数が利用可能性がある。これらは地域（中学校区）の共有の社会的資産になっている。これらの融合的使用が可能になれば、どの体育館もママさんバレーだけが、そして、校庭はスポーツ少年団の少年野球や少年サッカーだけで独占している

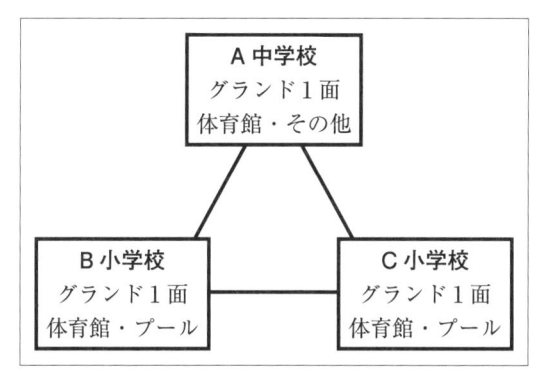

第Ⅶ章　日本の生涯スポーツ構想に関するシステム論的考察

```
        ┌─────────────┐
        │  A 中学校    │
        │ グランド1面  │
        │体育館・その他│
        └──────┬──────┘
              ╱ ╲
             ╱   ╲
┌─────────┴─┐ ┌─┴─────────┐
│ B 小学校   │ │ C 小学校   │
│グランド1面 │─│グランド1面 │
│体育館・プール│ │体育館・プール│
└───────────┘ └───────────┘
```

図Ⅶ-4　「中学校区連合型施設開放事業」の構想（松岡：2003）

という風景は変化せざるを得ない。問題はその為のルールづくりと学校間の移動の問題である。

　学校関係組織（スポーツ少年団・中体連・高体連・高野連）では、対抗試合等は年齢的水準を合わせて、小学生なら小学生同士、中学生なら中学生同士の対抗である。けれども、元々発達水準等は同じ中学生であっても、異なっているのが通例である。発達水準は、各学校や部活動のあり方を反映して異なる。中学生同士の試合や高校生同士の試合も、別段それはそれでいいのであるが、それでも、中学生と親たちの世代が、試合をしてもおかしくはないし、土・日などはこうした活動も可能になる。親も子ども同じ場所同じ時間にいて、大いに張り切るところかも知れない。親も子どもも、そして学校もそうした「中学校区」のような関係性を築ければ随分状況が変化するだろう。今は、むしろ子ども達が、親たちや学校の誰かの世話で集っているが、親たちがこの活動につられて集まるようになれば、状況は変化することが期待できる。同じ中学生の大会だけでなく、別リーグでも作れれば現時点での最高の「交わりの場」が築けるかも知れない。
　先にもふれたが、「総合型地域スポーツクラブ」は、国策として全国市町村に少なくとも1つは該当クラブを育成するとする目標が立てられた。

加えて、広域スポーツセンターも10年以内に育成するというものであった。実に壮大な計画であった。この実現のための資金は、「サッカーくじ（toto）」と連動して期待されていた。スポーツ振興財団は新製品の開発をはかり、「宝くじ」的な商品を出した。これが今注目されているが、破綻の時間は長かった。最近では幾つかのNPOや地域行政が、この「総合型地域スポーツクラブ」を立ち上げている。公営の陸上競技場や体育館を活用しているが、資金的な問題や、独立したクラブハウスを完成させているような段階ではない。東京の杉並区に、このような先例があるが、これらは学校施設と連動している例である。「総合型地域スポーツクラブ」は、依然として可能性を感じさせるものであるが、ここ数年の「平成の市町村合併」の影響もある。地域のどこにスポーツ施設やクラブハウスを新設するにしても財政圧迫や、市町村合併による行政区の拡大は、新たな問題を提起することになるだろう。ならば、学校にも空き教室が増えているという話しも聞く……壮大なシステムを立ち上げることも悪くはないが、当面の策として、これらを上手く利用すれば子ども達に近い位置に大人達がたてることになる。

　ここでわれわれは、「中学校区連合型学校開放事業」を図Ⅶ－4の如くに提案しているが、これは当面の間の次善の策であると先にふれた。どこにでもある地域の中心的機関は学校でもある。戦後一貫して学校を中心に、施設や指導者（教員）を整備してきた経緯がある。今、確かに生徒数減少の影響でクラス数が減少したり、空き教室が増加したりの現実がある。場合によってはこれらをクラブハウスとして活用できる可能性がある。加えて言えば、こうした開放事業は、運動やスポーツに限定する必要もない。高齢者の所謂「老人大学」的取り組みでは、活発な兵庫県加古川市・広島県福山市などに先例がある。

　われわれは、人々が交流するということの条件として、異質性があり、異年齢性があり、異性別等を考えているが、それは異なることが当たり前の世界を醸し出してくれると期待する。これまで例えば、「スポーツ少年団」や「中体連」・「高体連」を中心とした、同年齢や同学年の対抗試合が

第Ⅶ章　日本の生涯スポーツ構想に関するシステム論的考察

展開されている。それが悪いと決めつけているのではなく、それだけがスポーツや運動の値打ちではない。普段は離れている親達との交流試合や、中学生と高校生の対抗試合なども考えていいだろう。大いにローカル・ルールを活用すれば、「勝った・負けた」が笑い事になる可能性もあるし、こども達が親達を知り、また、親たちが子どもを深く知ることも期待できる。いわば相互発見・相互理解を触発する可能性に期待したいと思う。組織的な問題としてみれば、「相互浸透」の例になろう。健康問題だけでなく予防的生き方や笑いのある活動や交流も期待していい。

第7節　ここでの結論

　研究方法で述べたシステムを遠近的に観察し、システムの枠を広げる、システムの開放に加えて、枠を閉じる作業を行った。これで、すべての問題が回避できる訳ではない。何故なら、明らかに現在の日本のスポーツ・システムでは、考えにくい習慣や矛盾する性格もあるからである。
　スポーツには、言わば「優劣決定装置」としての「競技会」があり、それはそれで非常に重要な側面である。スポーツ部活動に参加する団体では、「練習―予備試合―試合」のような活動で形成されることが多く、練習の成果や苦労の試しを重ねていく。ここに、参加する小学生や中学生・高校生は、だからこそ鍛えられていくし、その成果を問うこともできる。
　ただ、少子化の影響は大である。広く見れば、スポーツ部活動もこの路線に乗っている。都市部を除けば、このスポーツ部活動も成立しにくいところもみられる。中体連や高体連も組み合わせ等に色々工夫している段階である。とすれば、そこに親たち・学校種の異なる子どもたちが立ち入る余地はさほど広くない。親は、我が子を応援する程度しか役割がなくなる。
　時折、地域の体育役員たちが立ち上げるイベントも、選手集めに苦労する現実的風景がある。「優劣型（速い・高い・うまいetc）」を、他人や子どもの前に晒してしまうことは一般に余り好まれないところもでもある。そ

れでもシステムの枠を開放し、考え方を変化させ、その「変化の方向性」にかかわる態度を重視すれば、発想の転換も必要になる。これまでの議論を整理して、以下のように纏めておく。

1）これまでにも記述したことであるが、家族も組織も学校も教育も授業も「システム」として動いており、それらが「生きて」「変化する」ものというとらえ方が前提である。さらに授業の場合でみれば「目的―内容―方法」に関連する系と、「作用項（教師）―被作用項（被作用項）―媒介項（教材）」の実態の系に、「Plan―Do―See」にかかわる経営的系の3系、「状況判断モデル」で変化の方向を求めているシステムと捉えることが出来る。
2）授業のような教育にかかわるシステムは「記述された目的」ではなく、人称性を明確にした「意識された目的」をもち、変化の方向にかかわる「方法・手段・手順」の精度の高い仮説の設定が必要である。
3）多様な人々がかかわりをもつことの条件は、年齢や性別において「同質」だけが重要なのではなく、大いに異質でありことも必要である。こうした立場から「生涯スポーツ社会」に連なるようなシステムを発想するとすれば、当面中学校区程度の規模を基準に、「地域連合型の学校開放事業」の方がより可能性があり、現実的である。

このような、生涯スポーツ社会のシステムを構想するなかでいえば、学校施設使用に現実的な既得権問題がある。何もグループをなす必要のない少人数の「仲良し」で、ジョギングや散歩・水泳に頑張る人達の方がマイ・ペース型（非競争型）で長続きすることも知られている。さらにこの構想で、危惧されるところは、先にも述べた移動問題である。中学校で野球を、小学校でサッカーを……と言っても移動の範囲や交通手段には自ずと限界がある。現実的な対応としては限定される問題を含んでいる。

第Ⅶ章　日本の生涯スポーツ構想に関するシステム論的考察

文　献

- 最近の資料は厚生の指標「国民衛生の動向」(2006)、に詳しく H15年統計で国民医療費は30兆円を超え、国民1人当たりの医療費も年々増加して24万円を超えている。213-218、第53号、第9号
- 佐藤一子 (1998)：『生涯学習と社会参加』、10-14、東京大学出版会
- N.ルーマン（佐藤勉監訳）(1993)：『社会システム理論（上）』、17-91、恒星社厚生閣
- 松本和良 (1997)：『パーソンズの社会理論』、118-146、恒星社厚生閣
- 文部科学省:http://www.mext.go.jp/a_menu/sports/plan/060314.htm
- 松岡雅裕 (1998)：『パーソンズの社会進化論』、36-65、恒星社厚生閣
- K.マイネル（綿引勝美訳）(1991)：『動作学―スポーツ運動学』、5-49、新体育社
- 藤本隆宏 (1998)：『生産システムの進化論』、129-155、恒星社厚生閣
- 北原貞輔 (1990)：『経営進化論』、272-284、有斐閣
- 北原貞輔 (1986)：『システム科学』、44-57、有斐閣
- 山本裕二 (2001)：「打球動作の運動制御と学習へのダイナミカルシステムアプローチ」、『体育の科学』、Vol.51 No.3、214-219
- 瀬沼　克彰 (1998)：『生涯学習と地域活性化』、49-53、大明堂
- 平木典子 (1993)：『アサーション・トレーニング―さわやかな＜自己表現＞のために―』、(日本・精神技術研究所)、96-103、金子書房
- 松本卓三（編著）(1996)：『教師のためのコミュニケーションの心理学』、74-108、ナカニシヤ
- 山下政俊 (2006)：学習集団の生成と主体的学習過程の創造、『現代教育科学』、No.598、86-90、
- 沼田裕之 (1995)：『教育目的の比較文化的考察』、9-16、玉川大学出版部
- 吉本　均 (1977)：『現代教授学』、9-21、福村出版
- 吉本　均 (1982)：『「わかる」授業のドラマ的展開』、215-217、明治図書
- 吉本　均（編）(1989)：『新・教授学のすすめ』として発行されたシリーズもの
- 吉本　均 (1982)：『ドラマとしての授業の成立』、63-72、明治図書

第Ⅷ章　教育職能の形成と高度化に関する議論

――ネパール・ブータン・チベットの教育事情・教員養成の現状――

第1節　この調査の経緯と目的

　日本では、教育界も大揺れである。「教員免許の更新制」がスタートして、直ぐにも終了する……見通しである。さらに政治絡みの「教員養成6ヶ年（大学院）」が浮上してきている。筆者流に言えば、「更新制」は全く意味をもたないし、「誰も喜ばないシステム」が出来てしまったと思っていた。さりとて、それでは「6ヶ年養成」案は、随分「金のかかるシステム」になってしまうと思っている。それも金を払うのは学生側（あるいは保護者）で、大学の教員では授業数が増える程度かと思ったりするが、イメージは今の段階では分からない。これが実現していくと考えれば「教免法」の改訂問題などが現実的問題になるであろう。確かにフィンランドでは大学院で教員養成をやっている。

　さて、本研究は、4年前（2006）の「科研申請」時からスタートしている主題のテーマに沿った調査研究である。10名の分担者が各国に出向き、教育関連情報や教員養成に関連する情報を直接見聞きして、その状況や問題を国別に整理すること、またそれらを日本のそれらと照合することで目的を果たそうとしていた。元より考え方としては、日本のなかの教育システムの齟齬や、日本の社会システムの特徴を、これらの国々のそれらと比較する作業も伴うものである。各国とも、ある種必然性をもって現在の教育のシステムが形成されてきたのであり、他の領域システムと連動しながら形成されているのであって、教育のシステムだけが浮き上がって存在しているのではない。それぞれの各国固有の事情や歴史的・経済状況題も関

第Ⅷ章　教育職能の形成と高度化に関する議論

連している。また、経済のみでなく、宗教のようなサブ・カルチャーも大きなバック・グランドを形成している。

　これまで日本教科教育学会の「課題研究」の位置づけもあって、第1年目（2007）の横浜国立大学を会場にした日本教科教育学会の全国大会の「課題研究Ⅰ」では、当時日本で大いに議論されつつあった＜大学院教職高度化＞を巡る議論と情報交換を行った。日本の文部科学省と各大学との関係からみれば、自由に考えていた大学と、大きく制約を受けていた大学があった。前者は総合大学で教育系の学部も、全学的には学部・大学院の1つという位置づけの大学である。また、制約を受けていた後者に当たるのが大学自体が、教育系の大学・大学院であろう。当時、この構想には賛否両論があって、これに参加を表明している大学、あるいは不参加の大学等のかかえる問題も、かなりすっきりしてきたと捉えている。参加すれば、カリキュラム的な制約がつくし、「教員1本」に、これまで以上に特化していくことになる。

　第2年目の2008年では、宮崎市での日本教科教育学会の全国大会で、この段階で海外調査を終了していたフィンランド（三根・鈴木）・アメリカ（清水）・台湾（難波）の報告がなされた。フィンランドでは、美術系の教科の教員養成にかかわって、特に教育実習の特徴、が報告された。OECDの世界学力調査の結果発表の影響もあって注目される報告であった。台湾では、従来のシステムと大学の位置づけがここ10年ぐらいで大きく変化して、特に教員養成系の大学が地位確保や大学名の変更等もあり、難波によれば、雑多な問題が、広範囲に及んでいると報告している。

　そして、筆者等はネパール・ブータン・チベットの現地観察に赴いた。チベットは、他の中国地域への訪問と兼ねて訪問したものである。この時の中国訪問は、内モンゴル自治区（フフホト市）・西安市とチベット自治区（ラサ市）である。これらの国々と地域はヒマラヤ山脈の山裾に広がる国々であり、高度も高く、いずれも自然条件も生活条件も厳しい地域である。これらの自然条件も教育問題にからまって当然射程に入る問題であ

る。加えて、日本の教育職能研究の問題と照合することで、表題の目的を果たそうとした。

表Ⅷ－1　科研による各国視察分担者

国　名	分担者（所属）教科
アメリカ合衆国	清水欣也（広島大）理科
カナダ	阿部二郎（北教大）技術
フィンランド	三根和浪（広島大）美術
〃	鈴木明子（　〃　）家庭
イギリス	池野範男（　〃　）社会
ドイツ	寺尾慎一（福教大）生活
スエーデン	山田　綾（愛教大）家庭
中国	松岡重信（広島大）体育
ネパール	〃　　　〃　　　〃
ブータン	〃　　　〃　　　〃
台湾	難波博孝（広島大）国語

　また、われわれが見聞きして理解しやすいのは担当の教科で、筆者らの場合、体育科・保健体育科であり、これらから全体への視点は避けてはいないが、情報は自ずと体育や保健体育・スポーツ状況に向かっている。なお、蛇足までにいえば、途上国の教育システムのあれこれが、研究主題に合致した研究方法なのかとする疑問は当然のごとくに出てくる。けれども、PISAがどうとか、OECDがどうとか……これを言わなければ、次の様な解答を準備したい。例えば、日本や欧米の＜先進国＞は、本当に教育に関する問題をもっていないのかと聞けば……決してそうではない。佐藤らが指摘する「学びからの逃避」や、よく指摘される「不登校・登校拒否」・「いじめ・自殺」などの＜学校病理＞は、もとよりより深刻な問題であろう。学校のなかで、銃が発射されて教師や生徒が殺傷される等の風景は、ここで例にあげる＜途上国や地域＞の学校では、まず観られないし、あり得ない風景といえる。先進国の教育が、日本や欧米だけでなく、努力

によって＜得てきた社会的豊かさ＞と、同時に＜喪失してきた社会的な損失＞とを見据えて比較する態度も必要であろう。これは、単にノスタルジックに＜昔の懐かしさ＞を語るのではない。歴史上の先人達の努力と、教育についての＜願い＞が具現化されてきた時間のなかに＜同じ徹は踏まない＞という未来志向的な態度をもちたい。これが筆者ら自身の願いでもある。得てして社会的狂気が、支持されてしまうような時代をわれわれの先人達は、何度か経験している……これから先にもあり得ないという事は断言できない。

第2節　海外調査の日程と訪問先

科研としてのスタート以前に筆者は、上記の国々と、一部ではあるがかなり以前から出入りしていたのはネパールである。それらの国々に調査目的で入国したのは、概略下記の日程や訪問先である。

1）ネパールの訪問と調査地域：
- 1989～2007＋2009：合計14回の訪問
- 教育スポーツ省、CDC（カリキュラム開発センター）、教師訓練会場、学校
- カトマンズ、ポカラ、スルケット、ネパールガンジー（タライ地方のインド国境の街）
- ポカラ（2009）を中心に田舎の学校と地域生活の調査

2）ブータンの訪問と調査訪問先：合計3回
- 2007年12月（首都ティンプー、空港のある街：パロ）
- 2009年3月（ブータン中央部のジャッカル地方）
- 2009年9月（田舎の学校・田舎の地域社会（パロを起点に））
- ①回目：教育省・JICA・海外協力隊員・市内小学校2校・パロ教育大学
- ②回目：ジャッカルの中学・ジャッカルの高校・中学生の体育授業観察
- ③回目：本物の田舎、本物の地域（パロを中心に5校）

3）チベット自治区ラサ（とともに、**西安・内モンゴル自治区**）
- 内モンゴル自治区フフホト市と西安市の訪問と調査地域

- 2008年9月
- チベットのラサより車で１.５時間の中・高校の業間体操・陸上の長距離の授業

第3節　ネパールの社会事情と教育状況

第1項　ネパールの20年小史

　ネパールは、2006年までの約10年間以上内戦状態にあった。この内戦は「マオイスト（毛沢東主義を標榜する反政府勢力）」による活動が、3年前の＜停戦合意＞でやっと終わった経緯がある。その後、何度かの選挙日程の延期変更を繰り返して、結果としてマオイストの政党が第一党をしめた。

　そこで決定したことは、①王制の廃止と共和国制の樹立、②マオイスト軍の兵士を国軍へ編入をしようとしたが、これまで「敵対関係」であり、殺し合った軍人同士を併合しようとしたために猛烈な反対運動と混乱があった。これだけが原因ではない可能性もあるが、マオイストは結局政権を投げ出した形になっている（2008：「ポカラの会」）。また、ここに至るなかで、＜王室乱射事件＞もあったし、この事件の裏側を指摘する人々は少なくない。誰が犯人なのか、真実は何か……これも尾を引いている事件で、すっきりしていない。

　考えてみれば、約20年前には、首都カトマンズの人口は約40万人であった。それが今や100万人を超える街になっている。それでも、インフラ整備の進まない状況もあって、あちこちの河川敷や空き地がスラム街になっている。かって20年前には、貧しいが……温厚な人々が生活する平和で美しい国であり伝統的な街であった。ヒマラヤの山々を観たいと、日本人に限らず、外国からの旅行者が多かったし、それを歓迎する風土もあった。

　そして、ヒマラヤの山々は、エベレスト（世界語としての呼称が「エベレスト」、ネパール語では「サガルマーター」、チベット語で「チョモランマ」と呼ばれる）に限らず＜神々の座＞として信仰の対象でもあった。ホテルなども、それなりに整備されていた。所謂、＜観光立国＞の体をなしてい

た。内紛の勃発以降、観光客は大きく減少していた。それがここ１～２年で少しずつ増えつつあるのは、まだ救われる所であろうか。

第２項　ネパールの学校教育の状況

　このような政治的・社会的状況であるためか学校教育は、この10年間ほとんど省みられることなく劣悪な状況のままである。国費のかなりの部分が軍費にあてられ、学校の整備や営繕につかわれる金はほとんどないという状況が続いた……と、いえる。筆者にとってのネパールの学校観察の定点校アマルシッダ・ハイスクールの状況でみても、校長が替わったことを除けばほとんど変化は見られない。この学校や地域には、東広島市のユネスコ・クラブの10年間の教育支援・地域支援があったが、これも予定通り４年前に終了している。これについては第Ｘ章で記述する。

　現実に2009年でも、なかには教科書が届かない地方があったり、窓ガラスがなかったり（多くはない方が普通）、教室は詰め込み状態で、かつ照明などはほとんどない状況が一般的であったし、このような状況は今でもあまり何も変わっていない。

　体育科とか保健体育科といった教科の視点からみれば、学校にバレーボールの支柱（木製）やネットがはられている風景、バスケットボールのゴールといった風景は時折観察できる。けれども粗方の学校には、ほとんどこうした施設や広さのあるグランドは観察できないのが実態である。また、広さはあっても、夏の季節なら全体が草原である。そこは、ヒンズーの神々に守られる牛の放牧場に近い風景になる。牛のウンチもいっぱいある。

　かって1991年に政府から発表された出された「マスター・プラン」では、各学年で計画されていた運動の内容は、さして施設や用具を利用しなくとも実施可能なプランが示されている。が、これもほとんど無に帰している。カトマンズ・ポカラ地方・スルケット県・ネパールガンジー付近の学校を観察したが、体育授業は全くと言えるほど観察できない。カトマンズの高校で、体育の授業をみたいと……リクエストすると面倒くさそうに

「ローリングボール」の授業をやってくれた。高校生が2列になってボールを転がしてリレーするというもので、やってる教員も学生も「全く面白くない……」という表情であった。

約20年間に合計14回訪ねたネパールであるが、体育科の教育は「名はあっても、実態はほとんどない」という結論になる。但し、スポーツを遊びでやっている可能性は、支柱をみても否定できない。先の定点校の生徒達のバレーボールは結構うまかった。技術的なレベルからも日常的に練習したり遊んだりの痕跡が認められる。

ネパールの学校や社会で、スポーツが余り定着していない理由は、用具類が破損すると簡単には補充できない等の経済問題が主たる理由といえる。また、個人的に感じることであるが、スポーツ等に限らず、新しいものを取り入れていこうとするような気概が教員陣にも感じられない。1年前に確認していたバスケット・ボードの損傷が修理されていないことも確

ネパールの田舎の通学路
（上の土道をバスが走る、この崖をおりて畦道を通って学校へ）

第Ⅷ章 教育職能の形成と高度化に関する議論

ネパールの山村の村人たち（奥の男性がミシン仕事で生計を立てている）

認できた。なかにはユネスコの APEID 事業に参加した行政マンは、「教員資格の売買が……少なからずある」という話しも紹介していた。教師訓練は、カトマンズ市内の学校や CDC 等で夏休み等を利用して細々継続されている。これには経験豊かな教師が「こんな指導の仕方もある」ということを紹介したりの研修であるが、参加の教師たちは、カトマンズ郊外のみでなく、かなり広範囲の地域から集っていた。

第3項 ネパール（カトマンズ）の生活状況

ネパールの状況は、首都カトマンズを見る限りでは、増えすぎた自動車と、金が全くかけられていないインフラ整備のたち遅れ、時折の停電、終日の交通渋滞等々で、他に例えようもない**「喧噪の街」**としか表現のしようもない状況がある。カトマンズのみでなく、近隣のバクタプールやパタンと呼ばれる古い寺院あり、世界遺産にも登録されている観光の街も同じような状況がある。また、各私立学校は「スクール・バス」で生徒を送り迎えをし、生徒数の確保と通学の安全を図ろうとする。こうしたある種の

民間の営業努力もあるのか、あるいは英語教育を売りした私立学校の方に親の信頼はあるといえる。

　人々は、その日の稼ぎを求めて必死に働いているが、近い未来がみえにくく、ネパール人の出国（海外での生活を求めて）が、相次いでいると指摘する（2009、和田氏談）。金を借りてでも海外に出ようとする人々の動きは、「この国を諦めた」ということでもあるのだろうか。かっては、カトマンズの近くに土地を買って家を建てる……というのが地方に住む人々の夢であったとされるが、「海外に出て……働きたい」が夢に変わったように思われる。また、税制がよく理解できていないが、土地がほとんど有力者の専有になっており、農業に関する限り＜小作＞の制度が生きている。加えて、ここ2～3年の税金の値上げと物価の高騰が人々を苦しめている。

第4項　ネパールの学校制度と教員養成

　ネパールの学校制度は、PP（Pre-Primary）の1年から始まって、小学校5ヶ年―中学校3ヶ年―高校2ヶ年の10ヶ年の教育が制度的に準備されている。最近は＜小―中の8ヶ年＞がセットになったり、＜中・高の5ヶ年＞がセットになってきつつある。元々小・中・高がそれぞれ単独に校舎をもつことは少ない歴史があった。1つの学校に小学生・中学生・高校生が同居していることも珍しくない。

　これらに加えて、ネパールで唯一ともいえる国立の「トリブバン大学」があり、これの「キャンパス」が、少し大きい街のほとんどに配置されている。最近2つばかりの私立大学もできたという報告もうけた。教員養成との絡みでみれば、このトリブバン大学のキャンパスを卒業するか、「10（小5＋中3＋高2）年＋2（テン・プラス・ツー）」を卒業する必要がある。「10＋2」は日本的に表現すれば、10年制の上に＋2年間の教育をうけることを求めている。また、校長職のためには「キャンパス卒業」が必須条件として、求められる。教育職は、給料がさほど高くないこと、また、政府から満額の給料が配布されることもないような状況で、これは教師に

第Ⅷ章　教育職能の形成と高度化に関する議論

とっても厳しい状況がある。職業カーストや地域カーストも絡んでいる。一般には教師職は僧侶階級が多いとされる。

　さらに高校卒業のためには「SLC試験」が課される。直訳すれば「高校の卒業試験」であるが、性格的には、日本の「センター試験」に近いものである。これには、数学やネパール語・英語・理科・社会に加えて「体育」も選択で入っている。各学校において、体育の実態がほとんどみられない状況下でも、教師の「推薦点」としてSLCの評価枠がある。

　このように観てくると、さほどシステムが複雑という訳でもないが、学校を大切にしようとする気概、こども達を大切にしようというような気概は余り感じ取れない。道路工事の現場で真っ黒になって働く子どもや、建築現場でもコンクリをねる子ども達、食堂の裏口で皿を洗う少年たちをみるのも難しいことではない。学校からドロップ・アウトする子も少なくない。

第4節　ブータンの教育と教員養成

第1項　ブータンという国

　ブータンは、九州ほどの面積に約70万人の人口をもつチベット仏教の王国である。今回を含めて3度目の訪問のうちで、1度目は首都ティンプー（人口：約6万人）や空港の街パロ（人口：3.5万人）を訪ね、2度目（2009.3）には、さらにもっと田舎の様子を観たいということでジャッカル（ブータンの地理的中央部）を訪ねた。そして、2009年9月には、3度目で「本物の田舎」をテーマに、尾根づたいに4駆車で山々を越えて、谷筋に田舎を求めた。また、今回もJICA（この国にある唯一の日本の機関で大使館はインドの大使館が兼務している）の協力も得て学校を観察した。これまでの2回では、全く見なかった日本人の幾つかの団体観光客をみて、日本では「シルバー・ウイーク」があったと知る。基本的には「雨期―乾期」のモンスーン地帯であるが、春にも秋にも魅力あふれる……それこそ「平和の里」のような国である。

第2項　ブータンの教育

　ここでは、背景は必ずしも明確ではないが、2000年に「体育科」を創設する動きがあり、王立教育大学でもそのシステムをつくりつつあった。ところが2008年には現実的には、全く逆の動きもあって少々混乱したが、それについては後に触れたい。

　1度目にブータンを訪れた時……英語による教育の徹底ぶりがあった。ティンプーの小学校を訪ねたとき、丁度12月で学校は休みに入ったところであったが、教師達はほとんど学校にいて職員室はゆったりした雰囲気があった。面談を求めた女性校長は、英語で次のように答えてくれた。ブータンでは、1～3年生までは、日本式にいう「学級担任制」であること、そして4年生からは「教科担任制」であるということを教えられた。特に小学校3年生までは、教師に「母親の代わり」ができることを配慮して人事をしているという。

　教科指導については、「歴史」・「ズンカ語（ブータン語）」以外の教科は、すべて英語での教育を行っていることの確認をした。この事は次のような場面でも確認できた。夕方まだ明るい内に「時計台広場」周辺を散歩していると、小学校の5.6年生と思われるこども達が、筆者に近づいてきて、「どこからきたのか？」・「何をしているのか？」・「中国人か？」と笑顔で、むろん英語で話しかけてくる。彼らの物怖じしない態度も言葉も、互いにたどたどしくはあるが、十分にコミュニケーションのとれるものであった。そう言えばガイド氏は、この国の40代くらいまでの大人は、ドゥンカ語よりも英語を使う方が多い……と説明してくれた。逆に、国語であるドゥンカ語がつかわれなくなりつつ事を心配する動きもあるという。

　ここでも学校制度は、比較的単線型で、小学校6ヶ年、中学校3ヶ年、高校3ヶ年で教育期間は、ほぼ日本と同じである。小学校を「初等教育」、中学校と高校を「中等教育」とし、王立ブータン大学や教員養成所・専門学校を「高等教育」と位置づけている。先にも触れたが、これまで教員養成の期間は3ヶ年としていたが、これには大学入学前の「教育実習8ヶ月」というのがあった。しかも、これは教員の不足を埋めるための措置

で、実習8ヶ月間の間に実習生の素質を見極めるような意味もあったが、これを修正して、2009年2月の段階から教員養成4ヶ年に変更したという。かなり荒っぽい措置のようでもあるが、そういえば日本の場合も、昭和20～30年頃の人口急増期には教員養成を2ヶ年でやってしまうような措置もとっていた。

第3項　体育授業と学校体制

「ティンプーやパロはむろんの事、長距離バスが走る道沿いは、ブータンでは田舎ではない（パロ教育大学勤務の海外協力隊シニア体育隊員の上瀬氏（2008））」……との指摘あった。この指摘もあって、田舎をみたいと思うようになっていた。本物の田舎は、どこかのバス・ターミナルから2日間以上歩かなければ行けないという。とても近づける場合ではない。当初、田舎であると思っていたジャッカルの中学校で、別の「高校の教師」が体育の授業（何故か日本式の体力測定の授業）（あとで分かったことであるが、JICAからストップヲオッチと巻き尺が配布され、子ども達の体力の調査が依頼されていた）をみせてくれた。この人物の授業のレベルは相当に高いと……感じたが、彼は自分の勤務する高等学校では体育を教えていない。彼は高校では英語と歴史を教えていると聞く。また、この国には「教員免許」や「ライセンス」という考え方はない。また、「義務教育」という概念もない。教員になりたい人間が大学や教育大学で学んだことが、そのままで教科を担任するということになる。

　この体育の授業をみせてくれた教師（20代後半）は、インドとの国境に近いサムチェという街の教育大学を卒業しており、専門的には体育のコースを卒業したという。彼の悩みは、現行の学校ではさほど体育が重視されておらず、今は別の教科を担任しているが、体育について語れば、自分たちの「やる気」がどんどん削がれていくのがつらい……と嘆く。

　このヒマラヤ山麓の小さな国は、原則、教育費無償・医療費無償で、かつ学校ユニホーム（伝統服：ゴキ・ギカ？）もあり、遠方の生徒のための「ドミトリ：寮」も整備されている。この国の英語のレベルは相当のもの

である……と、いう評価をした。なお、学校の就学率について直接的には未確認であるが、相当に高いと思われた。

　学校は厳格に運営され、毎朝の朝礼は厳粛でもある。国歌を歌いブータン国旗を揚げるさまと、生徒達全員の歌声は不思議に「読経」のように聞こえて……荘厳な響きがあった。ガイド氏からの情報では、この国は相当に「学歴社会」で、「国や地方の公務員」になることが「一つの安定の道」とされ、その意味で、競争社会を形成している（ガイド青木氏）。この国では、農業以外には産業といえるものは少なく（電力はインドにも輸出している）、物資の多くはインドからの輸入に依存した国といえる。

　この国の学校で観た、楽しくなるような風景も紹介しておく。ジャカルの中学校で、4才ということであったが、一人の女児が小さなリュックを背負って、学校中を自由に歩き廻っている。不思議な風景であったので確認すると「この子の親は両親そろって働いている。だから、学校が預かった形になっているが「まあ……自由にさせている」」とのことであった。あちこちと自由に舞うこの少女はブータンの蝶のようにもみえた。

第4項　No-problem 国家；ブータン

　勝手な命名であるが、この国の特徴の1つでもある国民性や生活の特徴を次のスポーツ場面で観察した。この国でよく実施されるスポーツは、アーチェリー・ダーツ・卓球などである。アーチェリーの競技場は、パロの街でも観た風景であるが、首都ティンプーでも専門の競技場がある。さらに、1,000人くらい収容できるスタンドも付いている。アーチェリーやダーツの競技が「賭けスポーツ（プロ・スポーツという意味ではない）」という側面をもっている。彼ら（明らかに成人で勤め人にみえる）は、朝から晩まで6〜7人でチームを組んで相手チームと対戦する。1射ごとに「相手をけなす」・「味方を鼓舞する」という意味のダンス……相手に尻をむけて……弓を差し上げて踊る……まさに男のダンスであった。これを1日中やっていることになる。

　この風景で強烈な印象を受けたのは、この双方の的の間の距離が145m

第Ⅷ章 教育職能の形成と高度化に関する議論

ブータンの学校の毎日の朝礼（荘厳ですらある……）

ブータンの中学校の英語による数学の授業（ジャッカル）

……もともと目があまり良くない筆者の目では、的がボヤーと確認出来る程度である。また彼らが使っている弓の糸張りの強さがとんでもなく強く、筆者には引けない状態であった。彼らは、この弓を軽々とひき、145m離れた約30cm程度の的にピッタリ当てる……そのすごさを感じた。また、このアーチェリーに加えて、竹を材料にした「和弓」に近い弓も観ることが出来た。

　ブータンを出国するとき世話になったズリュック・エア（航空会社）の日本人社員は、「ボスの顔を1ヶ月くらい見ていない」という。そして「アーチェリーにうつつ抜かしている」と笑う。さらに加えて、アーチェリーが上手いと就職に有利でさえあるという説明もあった。

　何でも「賭け」の対象にして楽しみ、まるで人生を楽しんでいるようにすら見える彼らの姿。そう言えば、この国の人々は何かにつけてよく言う。「Oh……No problem」。そう言えば、ブータンはタバコは禁じている国であり、筆者は隠れてタバコを吸うのに苦労した。が、アーチェリーをやっている人間の内2人はタバコを吸いまくっていた。そのタバコはどうもインドから入ってきて闇ルートを形成しているように思われる。筆者も何度かかけあって、やっとインド産タバコを購入した経験がある。

第5項　GNHという考え方

　このGNHは「Gross National Happiness」の略記である。GNP（国民総生産）やGDP（国内総生産）という経済指標に対する対立用語として、先代のブータン国王（第4代国王、ジクメ・センゲ・ワンチェック氏、彼は2007年に）が21才の時に、提案したとされる概念である。「国民総幸福量」と日本語訳されているこの概念は静かなブームになろうとしている。辻によれば、世界学会や研究会が真面目に、＜幸福＞を考えようとしている。そして、ブータンでは国民の96％が幸せだと応えているという。

　ブータンは、間違いなく世界的には＜途上国＞であるし、国民の多くは農民である。農地はどのようにみても谷間の少しばかりの土地で、基本的には自給自足タイプの農業で、耕せるところは耕して天に至る風景もみる

第Ⅷ章　教育職能の形成と高度化に関する議論

ことが出来る。

　われわれがGDPやGNPを指標として、時にはこの数字の上昇を目的としても位置づけてきた所に、根本的な疑問を提示している。日本の場合でいえば、今の2009年は「格差社会」として報じられている。年間3万人の自殺者があっても、1万人を越える交通事故死があっても、生産性が混迷していても、完全失業人口が360万人を越えていても、誰もが＜飯＞を喰えない訳ではないという……だから日本は貧乏な国ではない……という勢いもある。

　急に今のこの「日本丸」の進む方向を変えて……という飛躍した議論ではない。けれども、人類史的には「まず人間は自然との関係を断ち切って、自然の支配者であろとした。」・「次に人間同士の関係性を断ち切って、「金」にすべてを委ねた（2008、大木）」。金を媒介とした諸関係が横行する時代と言うことかも知れない。そして、その日本人が、今どれくらい「私は幸せである」と言うのだろうか……これは根も深く、是非、別途検討をしてみたい問題であるし、魅力あるテーマであるように思われる。ヒマラヤの南麓の小さなブータンという国には、花や風景のみならず、極めて大切な＜宝＞があるように……思える。

第5節　チベットの教育

第1項　チベット史の概観

　チベットは、中国のなかにある幾つかの自治区の1つである。この位置づけも少し立場によって異なるが、ここ数年自治区問題は何かにつけて日本でも報道の対象になることが多い。そして、これらは中国国内における民族問題としても語られることが多い。2008年の北京オリンピックにかかわって表面化した「チベット騒動」では、漢族とチベット族の対立抗争が背景にあり、ウイグル自治区問題は逆パターンでもある。

　このチベット自治区は、第二次世界大戦後だけでも、中国の「北京政府」と「チベット政府」との間にあった歴史を概観してみる必要がある。

153

1951年の17条の合意項目（17条平和解放協定）を結んだあと、北京政府は２万人を超す人民解放軍をラサに駐屯させた。さほど多くもないラサの人口に対して２万人の駐屯兵の消費は大きく、このために物資が不足して、物価が高騰してしまう。チベット族の反感を買いながらも、1965年に「チベット自治区政府」が成立した。そして、チベット族の意に反した政策がとられて、1989年に二度目の大暴動が起きた。そして、１年以上にわたって厳戒令がひかれた背景もある。この時、ダライ・ラマ14世は、インドに亡命して「チベット亡命政府」をつくり、「平和的独立」運動を展開してきている。彼はノーベル平和賞も受けた人間であるが、既に高齢である。その事を意識する中国北京政府は、この運動がどこまで続くかで、計算している（朝日新聞）。都合チベット自治区には３つの政府がある状態である。

　チベットは、日本の６倍近い面積をもつが＜世界の屋根＞と呼ばれる高原性寒冷地帯で、平均高度が4,000m、首都ラサで3,600mである。富士山の頂上に近いところに街があるという位置関係である。農業も厳しく酪農や放牧生活者が多いとされる。これに加えて、宗教や文化圏的な捉え方をすれば、ブータンやネパールの高地は、チベットの文化圏の影響を受けている。その証拠に、どの国にも宗教的シンボルといえる＜マニ車＞を観ることが出来る。この、＜マニ車＞は大小色々あるが、この車を回転させると１巻の教典を読んだとおなじ＜功徳＞があるとされて、生活に根付いている。そして、これを廻す人々をよく観る。

第２項　チベットの教育状況

　2008年に共同研究者の、諾日布斯仁君の案内と通訳で、内モンゴル自治区のフフホト市・西安市・そしてチベット自治区のラサ市を訪ねた。この中国のすごさを一言で言えば、どこを切っても同じ＜金時飴＞……社会的フラクタルが形成されている。大きい学校は学校なりに、小さな学校もその学校なりに教育力を発揮している。それらは中央政府の指導と制約のな

第Ⅷ章　教育職能の形成と高度化に関する議論

かで、比較的安定したシステムをなしている。

　また、フフホト市の師範大学では印象的な状況を聞いた。小学校の教師の方が師範大学の教員より給料は高いという（例外もあるが）。この状況は、各大学の運営や経営努力というなかで査定されている。一概にそう決まっている訳ではないが、通常のままなら、師範大学の教員の給与は、小学校教員より低いということになる。

　ラサ市は2008年北京オリンピックの前に、聖火ランナーがラサを通過する前後に「チベット暴動」があった。これは、かっての、民族紛争を思わせるものであるが、やはり根は深いと思わせるものである。われわれの訪問時にも、警察車両や軍の車両が目につき、力で押さえ込んでいるという感じは歪めない。チベット唯一の大学も、警察や軍が正門をかため入構を許されなかった。門兵は銃をもってチベット唯一の大学を守っているという感じか。

　ラサ市中心部から1.5時間車を走らせて地方の学校にまわった。許可をもらえたある学校の体育（日本的には業間体操のような位置づけ）と、陸上の長距離走の授業を２コマみた。概観するところ＜鍛える体育＞という印象をもった。この業間体操の風景は、何かの武術の動きが取り入れられているのか、＜弓を引くような動作＞や＜槍を繰り出＞すような動き等で構成されている。＜勇壮な動き＞の印象を受けた。日本のラジオ体操のような性格をもつものと理解したが、動きの構成はかなり違っている。校舎の前の広場が、生徒で埋め尽くされ、全員がこの動きをし、低学年は横の高学年の動きをマネしながら覚えていく習慣のようである。生徒数は千人を超えており、ここにも放牧等で生活する人達の子弟を収容する寮が整備されている。校門の近くに陣取っていた兵士たちの動きを気にしながらの取材でもあった。

第6節　三ヶ国の教育状況の記述

第1項　教育制度の整理

　今回、記録した国々ネパールもブータンも、そしてこのチベット自治区も、この暴動に限らず困難を抱えた国（自治区）であるといえる。教育の役割や使命を感じながら……「所変われば品かわる」という割り切りはできない。この国々の今が、かつての50年前の日本であったと捉えてみることもさほど困難な事ではないように思われた。けれども、それはあと50年経てば、ネパール・ブータン・チベットが良くも悪くも、日本やアメリカのようになる等と言っているのではない。そう言えば、日本もアメリカも欧州も、先にも述べたように教育については一杯問題を抱えていることを知っている。

表Ⅷ-2　学校の制度的特徴の比較

	ネパール	ブータン	チベット	中国	日本
小学	5ヶ年	6ヶ年	5ヶ年	6ヶ年	6ヶ年
中学	3ヶ年	3ヶ年	3ヶ年	3ヶ年	3ヶ年
高校	2ヶ年	3ヶ年	3ヶ年	3ヶ年	3ヶ年
大学	3ヶ年	3～4ヶ年	3ヶ年	4ヶ年	4ヶ年
	・トリブバン大学 ・キャンパス ・10＋2	・王立大学 ・教員訓練所 ・	・チベット大学 ・自治区は特に変則である。		

※中国の学校制度では、チベットも内モンゴルも町と農村で小学校が1年短い。

第Ⅷ章　教育職能の形成と高度化に関する議論

　これまでにも紹介したように、表Ⅷ-2の学校区分でみると、ネパールでもブータンでも「小学校─中学校」の連携が既にあったり、「中学校─高等学校」の連携区分があるのは、連携することの意味内容やメリットというより、学校数が少ないことに起因している。時差授業や施設（教室）の有効活用とみるべきである。

第2項　各国の生活関連・教育関連情報の整理

　ここでは、次の表Ⅷ-3のように海抜高度、宗教、主たる産業と教育状況の代表的な資料を並列した。チベットでもそうであったが、宗教や産業においてネパールとブータンは似た傾向を示している。宗教的にみても、この3ヶ国は、格別に敬虔な宗徒が多い。チベットでの「五体投地」のみならず、街角や寺院のマニ車に加えて、早朝に多くの人々の「祈りの姿」を確認できる。ネパールでは、カトマンズの「喧噪の街」でも、街のあちこちに多くの祈りの場がある。ブータンでは、政治と僧侶養成と祈りの場をかねた「ズン」と呼ばれる建築物が街々に配置されている。白い旗の布がすり切れるほどに揺らいでいる寺院もある。これらの風景はその雰囲気だけでも静かな気持ちになる。このズンは、建築的にも荘厳であるが、政治の場所でもあると共に宗教の中心施設でもある。

　また、ブータンでのガイド氏によれば、「ブータンにも犯罪がないわけではないが、他の先進国に比較すればものすごく少ない」ことを力説する。それのみならず、日本の状況にも通じている青木氏は、日本型の経済犯の事にも通じていて、電話で「オレオレ……」と老人を騙すような犯罪は絶対みられないと力説する。

157

表Ⅷ-3　生活関連情報の概略

	高度	宗教	主たる産業	教育状況
ネパール	・50～8,000m ・カトマンズ 　　1,500m	ヒンズー教	・米作農業； 　　　　人口90％ ・ホテル業；	・ドロップ・アウト多し ・成人非識 　字率；60％
ブータン	・ティンプー； 　　2,400m	チベット仏教	・農業；人口の90％ ・根菜類自給 ・電気輸出	・就学数 　　　17万人 ・学校数 　　　520校
チベット	・平均 4,000m ・ラサ 3,600m	チベット仏教 （密教）	・農業；人口の90％ ・酪農・乳製品 ・商業	・中国の学校制度 ・詳細不明

第3項　人々の命の終焉と儀式

　宗教的な教義として人々の間に浸透していることであろうが、どこのどのような民族にも生まれて……やがて死にいたる時の儀式がある。その時を如何に迎えるのかは、宗教が最も関与する事項であるかも知れない。宗教にほとんど通じていない筆者らにとって、厳しくも荘厳な死の儀式を目にすることがあった。

　ネパールでは、死者を川縁の台の上に薪とともに置き、読経とともに火をかけて燃やし、火が収まるとそれらを河に捨てて流す……こんな儀式が通常の形と思われる。この風景は筆者も何度か確認した。彼らは、流れて……ガンジスに至るのだろうか。

　ブータンではこうした場に出くわしていないが、チベットでは強烈な「鳥葬」の儀式を遠目にみた。川をはさんで小さな寺院があり、早朝に近づけるところまで接近した。ゴミ置き場から川越しに見えるところまで近づいた。係の者が屋内で死体を処理して、寺院の外の平らな岩に骨を並べる。この時には、既に鳥が近くの岩に止まっている。われわれが観たときには1羽であった。係員は骨の次に切り身を岩に並べるという作業をやる。まさに「鳥葬」であって、人間の魂が鳥によって天空に運ばれるのだ

第Ⅷ章　教育職能の形成と高度化に関する議論

……と、いう意味の説明をタクシー・ドライバーがしてくれた。そう言えば、ネパールでも、ごく一部に＜鳥葬＞の儀式が残っている。人間だけであろうか。死を迎える恐怖や、関係を断ち切られる想いの「浮き世」との繋がりや、気になる身内らとのかかわりが、一定の宗教的儀式によって、死者にも、送る側の生者の苦しみも軽減するのだろうか！

　宗教について言えば、チベット自治区においても、北京政府が僧侶を還俗させたり寺院を破壊したりの歴史があった。中国にとっては、宗教は邪魔者のようであるし、ネパールとブータンでは、基本的に異なるものでも、人々の生活に定着していることを感じる。

　一方、日本の場合はどうであろうか。確かに寺院仏閣も沢山あり……それなりの宗教儀式や暦上のイベントもある。わかりやすい所では、宗教的感覚というより、習慣として元旦の＜初詣＞や、宗教とはことなる意味での＜クリスマスやイブ＞があるように思われる。日本の若年層にとっては、「楽しみ事」としての儀式というよりイベントということか。日本では、学校教育のシステムとして極一部の例外はあるが、基本的に教育と宗教の関わりを断っている。さらに、政治と宗教の関係も原則「隔たり」をおいている。

　けれども、教育は極めて政治的な側面をもっている。それは、法律や条例に限定されず、習慣としても思想としても限定条件として作用している。日本人の宗教心が、非常に可変的で、様々な姿をもつのはむしろ宗教以外（商売・願掛け）の影響があるからかも知れない。

第7節　調査のまとめ

　科学研究（課題番号：18330193）のテーマにそう形でネパール・ブータン・チベットの教育や教員養成の実態を調査した。そして、これらの国々を観るとき、それは先進国のみでなく、先進国がこれまでの発展する過程で、無くしてしまった事項や、途上国なればこその特徴がある可能性感じて選択した国・地方である。これまでの記載を整理すれば以下のようにま

159

とめられる。
1）ネパールの教育や教員養成は、内紛や政治的機能が麻痺して、全体として教育事情や教員養成が10数年間システミックには動いていない
2）ブータンは、国民の生活としても、教育も実に大らかでゆったりしたシステムで動いている。体育科教育はサムチェの街の教員養成コースの学生募集が2009年度から停止されている。これは何を意味するのか分からないが、単なる機能の配分問題ではなさそうである。
3）チベット自治区での学校教育は厳重に政府管理されている。体育科教育も実施されているが、自治区内外的には歴史的問題を抱えている。
4）例えば、日本は戦後だけでも経済的には豊かになり、これに学校教育が果たした役割は大きいとされるが、しかし、この日本人が当たり前ごととして増幅させてきたのは、「金を媒介とした関係」ばかりを強調する社会を形成してしまった。人々の関わりや関係づくりの機微さや関係づくりの術について、これを置き忘れてきた観が強い。
5）このうち、ネパール・ブータンには、概して宗教的信仰心があつい。この事が学校教育にも強い影響を与えている可能性が示唆される。

註及び文献
註 今回までの調査旅行は、それぞれの国に在住の日本人や、海外協力隊員・旅行社・留学生・JICA職員の協力に頼ってきた。記して感謝したい。
  1）ネパール：
    ・和田正夫氏（元JICA専門職員、現ポカラ在住）
    ・金田英子（元長崎大学、現東海大学）
    ・Gajendra Lal Pradoham（元ネパールの教育省CDC職員）
  2）ブータン：
    ・青木　薫（Zhidey Bhutan Tour&Trec)
          ティンプー在住（元広島市出身）
    ・JICAブータン：矢部哲雄氏（2008. 4）
  3）中国：
    ・金学斌（西安体育学院）

・諾日布斯仁（現広島大学大学院教育学研究科大学院生）
4）日本：
・㈱大陸旅遊：大塚辰徳氏
・高橋龍子：東広島市ユネスコクラブ（故人）
・江戸芳江：　　〃

文　献

・松岡重信、他（2008）:「ブータンにおける体育科教育と教員養成システム」、中国四国教育学会『教育学研究紀要』、54巻（CD-ROM版）、680-68
・松岡重信、他（2003）:「ネパールの体育教育の実情（ⅩⅠ）―時代背景とこの国のシステム理解のために―」、中国四国教育学会『教育学研究紀要』、48巻第二、288-293
・辻　信一（2008）:『GNHもうひとつの＜豊か＞さへ、―10人の提案―』、37-62、大月書店
・National Statistics Bureau Royal Government of Bhutan (2009); Statistical Yearbook Bhutan 2008, 37-47,
・佐伯・藤田・佐藤　学（2004）:『学び合う共同体』、i～vi、東京大学出版会
・松岡重信（2007）:「教育職能の形成と高度化に関する研究（Ⅰ）―教職高度化計画と教科教育学―」、日本教科教育学会誌、30（3）、63-66、
・松岡重信（2009）:「教育職能の形成と高度化に関する研究（Ⅱ）―教育関連システムと特徴を中心に―」、日本教科教育学会誌、32（1）、61-64

＜本論　第Ⅱ部＞

第Ⅸ章　途上国（Nepal）の教育・体育教育

第1節　はじめに

　現在も通常の「経済指標」で「先進国」と呼ばれる欧米や日本、「新興国」と呼ばれるインドや中国・ブラジル、そして、どこまでも貧しく「途上国」と呼ばれる国々がある。ただ、先進国とて何もかもがうまく運営されて、政治も経済も、そして教育もインフラ整備もうまくいっている訳ではないし、国民すべてが皆満足している訳ではないだろう。同じ理由で、途上国とて何もかもが「まずい」訳でない。よく事情の深部まで把握できている訳ではないが、この先進国の教育に関するありようについての情報は結構多い。最近では、フィンランドやカナダ・オーストラリアの教育も注目されつつある。これはOECDが行ったPISA型の世界学力テストの好成績が注目されたフィンランドの教員養成を詳細に調査したレポートもあるし、多くの研究者や政治家がフィンランドに注目していることも事実である。われわれの仲間の三根・鈴木らの独自の調査結果も注目される。
　また、日本を含んで、日本海や太平洋の海に面した東アジアの教育の変化も注目されつつある。確かに貧しい頃にも生活をかけた乱れはあった。けれども「乱れ」のその中身は、経済的に好転した国・地域の子ども達・若者に生活の乱れが指摘される。それは、飲酒やたばこ・ドラッグ・バイクの暴走などである。筆者には素朴な意味で、何故「豊かになると子ども達・若者達の生活が乱れるのか」という点、また関連して経済的に豊かになると何故、「特殊生涯出生数」が減るのかというポイントは、非常に気にかかる側面である。豊かになれば、子どもを多く産んでも育てられるだろう……と、思うし、様々な教材を開発したり、それを用いての学習はよ

第Ⅸ章　途上国（Nepal）の教育・体育教育

り進むだろうというのは……筆者の感覚がおかしいのだろうか。

　先に示した生活の諸側面における関連性は、すべての事がすべての事に関連しているとした。子ども・若者の生活の「乱れ」とて、そう簡単に原因を突き止めて、それを排除すればすべての子ども達・若者達の生活が正常化するなどとは言い難い側面がある。「特殊生涯出生数」とて、「出産経費」や「子育て手当」で経済的手当をすれば数値が多少は回復するかも知れないが……今風にいえば、そう簡単にはいかないと推測してしまう。

　平成15年6月1日、ヒマラヤの王国ネパールが一躍世界の注目をあびることとなった。それは、当時の国王であったビレンドラ国王一族に突然起こったいまわしい無差別殺人事件である。国民の深謀厚かったビレンドラ国王夫妻はじめ親族等11人が、国王の長男（王位継承1位）に銃殺されたという事件であった。また、その王子も翌日に自殺を図り、2日のちに死亡するという事件であった。事件の原因は、「王子の結婚問題！」とか「感情的激論頂点に達して……！」、「意見聞かぬなら王位は譲らない……！」などと解説されているが、国連の事務総長が、平静を呼びかけるほどの大きな混乱が事件直後予想されていた。この事件に対して、当時のネパール政府コイララ政権（首相）の対応がまずく、「銃の暴発」とか「軍服に着替えて銃発射」とか、さまざまな情報憶測が飛交うなかで、政府の「事件調査委員会」の報告が、遅れに遅れたことも新聞紙上に掲載された。そうしたことの結果として、カトマンズで2万人規模のデモがあり、コイララ首相はその年の7月20日に辞任に追い込まれた。そして、7月22日に元首相のデウバ氏が首相に再任されるに至った。

　「何故、ネパールか？」という事の説明の前に、筆者は何度かネパールを往復していた。1つの機会は広島大学を会場にして行われていた、ユネスコの識字教材開発事業と UNESCO APPID 事業に少しかかわったこと、そして、その研究会に参加したネパール人で教育研究機関（今は CDC と呼ばれている）に所属していた、ガジェンドラ氏（Gajendla lal Pradham）

165

なる人物と知り合いになったこと、また、その研究会に飛び入り参加してくれた金田英子氏（当時、長崎大学勤務、元海外協力隊員でネパール派遣の経験）と知り合ったこと、加えて、ネパールの学校支援を続けていた東広島ユネスコ協会のメンバーと知り合いになったこと等を通じて、年に1度くらいのペースでネパールを訪れていた。当然の事ながら、日本にいてもネパールに関する情報は格別に目につくようになっていた。

　先にも述べたが、かって約20年前には、貧しいながらもネパールという国は、非常に治安のよい国として知られていたこと、また、インドからも、アメリカ・ヨーロッパ・日本などの先進諸国からの観光旅行者をひきつけていた。ヒマラヤの山々という観光資源の豊かな国であることは、これまでにもよく知られていた事である。貧しいながらに落ち着いた生活があった。妙な表現ではあるが、子どもたちの目がきらきらしていた。筆者が、かかわりを持ち始めた1992年頃から既にある種不思議な光景はあちこちで観察されていた。例えば、ワークショップで訪れたキルティプールというカトマンズの周辺部の古い街で、神社や民家の壁に「カマとハンマー」のデザインの紙がたくさん張られていた。それで、特徴づけられる社会運動の広がりの可能性が、少しはあった。けれども、それが危険であるとか、何か不穏な雰囲気を醸し出していると言う訳ではなかった。

　また、ネパールの西部からおこったされる、いわゆるマオイスト（毛沢東主義を標榜する反政府勢力）と呼ばれる勢力の社会運動が勃発し武装ほう起していたということには、当時気がついていなかった。先に述べた王族殺人事件は、一応単純な親族の内部の不和とか、王子の結婚問題に関連する事件として片づけられているが、現実には、その数日前から国家レベルでのゼネスト体制がひかれていたという経緯もあった。

　1997年の夏、西部のネパールガンジーというインドとの国境の街で、筆者らもゼネストを体験している。ネパールガンジーで巻き込まれたゼネストでは、飛行機はとばない、バスがでない、リキシャも動かず、一切の移動が出来ないばかりか、バスターミナル近くで商売している売店や飯屋、

第Ⅸ章　途上国 (Nepal) の教育・体育教育

みやげもの屋が「打ち壊し」にあう現場を目撃している。この時、筆者らは恐怖にかられて、ターミナルの物陰に隠れてやり過ごし、暴動がおさまった後に、炎天下約38℃はあるなかで、もとのホテルまで6キロばかり歩いて帰った経験をもっている。それだけに、全国規模でのストライキという騒動は、とりわけ都市に生活する住民の生活に深刻な影響を与え、混乱の域に達していたと理解される。今回の王族殺人事件に隠れてほとんど報道されていないが、彼らはこのストライキを大成功と発表している。つまり、王族殺人事件の直前に、国内が相当の混乱状態にあったわけで、ゼネストや政治的混乱の影響で、殺人事件が勃発したのでないかとの憶測があったし、今も少しくすぶっている。

　カトマンズには、地方から都市部に流入する人口が急増していて、中にはストリート・チルドレンになってしまう子どもや、日雇い形式の雇用で、その日その日を過ごす生活者が多いとされる。ゼネストや事件調査の公開を求めるデモで、ほとんど仕事がなくなり、生活に貧すること限りなしと「日本ネパール協会」や「ポカラの会」のウェブニュースが伝えている。この2つの事件は、数日間病床のディペンドラ皇太子が、意識不明のまま王位を継承するが、数日で亡くなり、結果として国民には余り信頼のおかれていない国王の弟でギャネンドラ氏が王位をつぐことになった。国王一族のニュースの影で、ほとんど外国のメディアが注目することも、報道することもなかった現実の国情がある。「反政府運動」といってしまえばそれまでであるが、基本的な部分でこうしたゼネストにいたるような国情もよく理解できていないことに改めて気づかされる。部分的な情報をつないでみれば、既に3年前くらいからネパール西部・極西部で、警察が襲撃される事件が相続いていて、かなりの死傷者が出ていた。政府は、軍隊を投入するかどうかまで検討して、あちこちで散発的にみられたストやテロめいた事件はかなり報告されている。約10数年の内戦あるいはそれに近い状態で、約1万人を超える死者が出た。特に警察や軍の詰め所・ホテルなどが襲撃され、火をつけられている。マオイストは、村々を襲っては食料をうばい、若者を拉致しては、無理矢理に銃をもたせて兵士にしま

167

う。

　この10年戦争がやっと３年前に停戦合意した。その後、２度３度と延期された国会議員の選挙で、圧倒的多数を占めたマオイスト勢力であったが、全体の過半数を得るには至らなかった。そして、このマオイスト政権も政権を投げ出した（2009）。この間に、国王（ギャネンドア）は、その座を追われ、この国は「ネパール王国」ではなくなった。依然として政治的混迷は深く、行政的秩序はまだまだ形成されていない。

　そこで今回、少し古いが、教育・スポーツ省のカリキュラム・ディヴェロップメント・センター（CDC）より送付された資料と、日本ネパール協会等のインターネット情報を総合しながらネパールの国情を記述し、それに関係づけて、学校教育や学校体育の様態を整理したいと思う。なお資料は1997年と98年に整理された政府関連資料で、「StatisticalYear Book of Nepal 1997」と「Economic Survey Fiscal Year 1997-98」と「ユネスコ統計年鑑」で、インターネット関連情報は、先に示した日本ネパール協会とネパール大使館、他６つのサイトであるが、個人が開設している「趣味の会」的なサイトの類は意識的に除外した。

第２節　ネパールの政治情勢の変化

第１項　マオイスト運動の影響

　マオイストとは、毛沢東主義を標榜する反政府団体であったが、ネパールでは相対的に首都カトマンズからは遠い中西部・西部や極西部からこの運動は激しくなっている。既に筆者の調査の定点ポイントであった西部スルケットの街と、カトマンズ北部のポイントも外務省渡航情報の危険度２～３に指定され、簡単には近寄れない現実があった。日本の新聞がとりあげたテロ事件を整理すると、2001年度だけで次のようなものがある。「４/03朝日：ゲリラ襲撃、警官等38人死亡」、「４/08読売：ネパール毛沢東派テロ、警官47名死亡」、というように西部を中心に過激なテロ活動が行われてきた。王室の事件後にはさらに激しくなって、「７/06：毛沢東派

第Ⅸ章　途上国（Nepal）の教育・体育教育

が警官31人誘拐」、「7/08産経：警察官襲撃38人死亡」というような記事が連日ニュースのネタになるような事態が発生していた。

　この王室殺人事件に関して政府は、「王室警護官」を解任したり、「事件調査委員会」をつくったりの対応策に追われるが、国レベルでの混乱は拡大する一方であった。いま現在も混乱はあるが、やっとネパール政府と、極左の毛沢東派の「和平交渉」が8月下旬に始まっている。現政権にとっても、武装している毛沢東派（マオイスト）を無視することはできない状況になっている。海外からの旅行者が金品を盗られるとか、地方の混乱は相変わらずの状況にある。それでも外国人が殺されたという報には接していない。10月23日現在のカトマンズ危険情報は1＜：注意喚起＞であるが、8月1日の時点では、危険度2＜：観光旅行延期勧告＞と発表されており、日本の民間旅行業者のサイトでは10月でも危険度2のままであった。

　こうした海外へも大きなインパクトがある事件では、当然旅行者数が激減し、ホテルなどで働く若者や子ども達（彼らの多くは皿洗い・清掃などの仕事をしていた）の解雇が報告されている。政治的混乱が経済にも大きな影響を与えている実例といえよう。また、一時的とはいいながらも、ネパール政府は地方行政法（Local Administration, Act. 1971）を発動して、9月中旬に予定されていた大規模な集会をカトマンズで開催することを禁止する措置もとっている。9月21日にはマオイスト系諸団体がチトワン郡のバラトプールへ会場を移して集会をもち、同月24日～28日にマオイスト系学生団体がピラトナガル（東部モラン郡）へ会場を移して大規模な集会をもったとの報告もある（日本外務省：国・地域別安全情報）。

　日本においても、戦後間もない頃の昭和20年代から40年代までの混乱期には、ゼネストが何度もあったし、労働運動が盛んな時期には警察と労働者団体や学生団体との衝突があったことが思い出される。流血事件も何度かあった。今のネパールは、まだまだ経済的貧困と政治的不信と生活苦が渦巻いている状況と理解できる。そして、こうした状況は多分に「交渉

事」で解決されることは少なく、結局は「どこまでも……流血事件」を経なければ脱却できない可能性もある。ただ、この2006年10月に、JICA専門職の女性が一時帰国から、カトマンズに帰任した際の状況を報告している。その小田自身はそのメールの中で、カトマンズ空港でも若干荷物検査が厳しくなった事を除けば、全般的には平穏であるという。

第2項 民主化と民主化以降の政治状況

　国王直接統治に終止符が打たれて、民主化が図られたのが1990年とされる。歴史的時間ではほぼ30年を経過しただけの時間であるし、民主化の中身にもよるが、まだまだ政権不安定な時期という感想は免れない。王制統治時代に逆戻りする可能性は考えられないが、経済的には非常に苦しい層が圧倒的に多いこの国で、反政府運動がさらに活発化する可能性も否定できない。政治的手法としてはパンチャヤット制（5人制協議）を基本的なスタイルにしてきたが、現実にはこの5人がどう選ばれるかという現実的問題が曖昧である。ただ、タルー族の生活を紹介したときにもふれたが、地域密着の地方代議士や国会議員と直接的につながらないと、すぐ近くに高圧電線があっても、その真下にある各民家に電気が届かない……現実があるし、それは逆に選挙に絡む。こうした状況は、今の日本にもみられる性質であるし、昔の日本での荘園制に近いスタイルで運営されてきた税制度から国家運営に足りる資金が集まる訳でもない。日本や欧米からの支援も無視出来ない金額になっている。

　特に、反政府組織が、テロや襲撃で力をもち、強力な圧力をかけているなかで、やむなく「和平交渉」が開始された段階であるが、基本的には相当の政府不信不満分子を含んで支持されているマオイストである。今後政局が、どのようになるかは予断を許さないが、非常に不安定な状況にあることは間違いない。現時点での結論から言えば、マオイスト政権は立ち上がったが、政権放棄のような形になっている。そこでの政策は揺れていくものと考えられる。

　また、ネパールの政治的決定に関しては、インドとの交渉事に典型的に

第IX章　途上国（Nepal）の教育・体育教育

現れると、井上が指摘する。この指摘によると、インドからどれだけの「譲歩」を勝ち取ったかで評価されるという。特に河川利用などはそのいい例で、ヒマラヤを水源とし、ガンジス川に至る多くの河川の利用協定を1本締結するたびに、交渉にあたった首相の首が飛ぶとまでいわれる。対インドとの鬱屈した感情関係もある。内陸国ということ、北の中国とは国境紛争があり、南のインドとは、一時鎖国政策をとろうとしたほど強烈な影響を受けてしまう現実がある。大国に封じ込められた国家、その力関係は比較すべくもなく、政治的にも、軍事的にも、経済的にも対等関係は築かれていない。そして、これらがこの国の現実である。

第3項　経済情勢の変化

　表IX-1は、ここ10年間のネパールと海外諸国との輸出入の傾向を示すものである。もともと農業国で、今日でも労働人口の90％以上が農業従事者である。輸出産品は数少なく、その輸出入にかかわる「トレイド・バランス」は慢性的にマイナスである。しかも、金額的には、年々マイナス度合いが強くなっている。また、その農業産品もほとんどが国内消費に当てられ、それでも不足している。エネルギーも原材料も日常消費産品もほとんどを特にインドからの輸入にたよる国である。

　また、97、98年の実績からみると、輸出で1位がインド、2位アメリカ、3位ドイツ、4位中国と続く。輸入でもインド、中国、シンガポールなどと報告されている。対インドとの輸出入バランスは97/98年度で18,225百万ルピー輸入超過である。国境を接した大国インドからは道路便（トラック便）で、物資を直接持ち込める有利さもあり、他を圧倒した金額を誇っている。また、ネパールからの輸出産品は、カーペットなどで、その多くが家内工業で生産されている。綿花や糸の原材料をインドから輸入し、衣服類やカーペットなどにして製品として輸出するが、その際にインドは高額の輸入関税をかけるというような関係にある。つまり不利益貿易が非常に長く続いてきた背景があって、必ずしも商売・貿易における対等な関係を創りえていない。

こうした状況をふまえていうと、例えは悪いが「人のいいネパール人」という表現がピッタリする。ただ、ネパールも必死になって対ネパール投資を世界にむけて発信している（ネパール大使館、2008）。「外国からの投資」と「技術移転条約」を多くの国に求める努力は、インターネット上でも確認できる。特に「水力発電」と、観光に関する利益還元の高い分野として「ホテル・リゾート」・「航空サービス」・「ケーブルカー施設」・「ゴルフ・コース」をあげており、また、製造業分野では「製紙」・「セメント」・「果物加工」・「電気製品および設備」などをアピールしている。筆者らが、経験的に思うだけでも、なるほどといえる分野が多い。例えば、航空サービスは、国際便はロイヤル・ネパール1社であるし、数台の飛行機（それも1機は中国から借用、2006年頃）をピストン輸送で運航されていた。それ故、少しのトラブルや不都合が、大きな影響を与えてしまう情況にある。国内便はロイヤルネパール社以外にも5社程度あって、小型機で山間部や交通の利便性の悪い地域をカバーしている。が、顧客は相対的に少ないし、有視界飛行が原則で、天候次第で飛ばないことも多い。また、山が高いだけに、到着地点の天気に左右され、出発時刻があまり当てにできない状況がある。空港施設もカトマンズのトリブバン空港以外では誘導灯の設備はない。ということは、夜間の離着陸は非常に難しいということでもある。

　何が、この国の経済発展の材料やきっかけになるのかはよくわからないが、素人目にみてもヒマラヤの山々は最大の観光資源である。外国からの観光客を多くひきつけるには、国内情勢が安定することと、そして、確実性の高い交通手段の確立、そして教育の普及徹底が最大の方策のような受け止め方をしている。今の段階の経済情勢・政治情勢などは、一種の悪循環から抜け出していない。

第IX章　途上国（Nepal）の教育・体育教育

表IX-1　ネパールの貿易相手国(輸入)と金額(単位百万ネパール・ルピー：NR)

	相手国	1994／95	1997／98
1	インド	19615.9	27237.1
2	中国	14173.0	14552.1
3	シンガポール	10890.0	12640.4
4	UAE	983.5	4322.2
5	日本	3196.4	2751.6
6	サウジアラビア	462.1	1901.6
7	スイス	143.4	1885.5
8	韓国	817.7	1862.0
9	タイ	637.0	1735.8
10	クエート	31.3	1602.5
		以下略	

※97/98のインドの数値は暫定的、中国には香港・チベットを含む
※出所："Nepal & the World" A Statistical Profile, 1999

第3節　教育情勢の変化

　CDC より送付されてきた資料は1975年以降、つまり王制時代も含めて1997年までの統計は推定も含めて20年以上のデータがそろっている。生徒数でいえば、ネパールは人口爆発国家でもあり、単純には言えないが、学校数も生徒数も着実に伸ばしている。この数字は、例えば病院のベッド数と対比すると理解しやすい。1975／76年で病院のベッド数は2,018床（病院数58）、これが1985／86でも3,522床（80病院）で、当時の人口を推定すると、1,300～500万人に対してである。その点、学校数と生徒数は75年に小学校8,317校（生徒数459,000人）、中学校1,893校（174,000人）、高校479校（67,000人）で、その学校環境までは不明であるが、97年推計で、小学校22,994校（3,644,000人）、中学校6,023校（864,000人）、高校3,178校で生徒数376,000人と、相当に政策的に取り組まれてきていることを示している。但し、学校数の場合、これは日本のように「小学校が単独で1校ある」と

いうイメージではない。高等学校が中学校も小学校も含んで存在すると言ったケースが相当にある。学校単位でカウントすれば、1校が現実には建物として3校にカウントされてしまう可能性を含んでいる。

　また、教師数は「Grant Total」に表示されているが、訓練されているというか、有資格者が97年においても半分以下であり、教員養成システムの整備が相当に遅れている。これは、SLC（高等学校卒業認定試験：日本的には大学センター試験をイメージするとよい）に「SLC＋2年（テン・プラス・ツー）」で教師になれるといった仕組みや曖昧な基準のために起こっている問題があると考えた方がわかりやすい。このような状況は、2001年のユネスコ APEID という広島大学国際協力研究科で開催された国際会議（10/23-30、2001）に出席した Prasad Bashyal 氏も、「教師の資格を金で買うやつもいる！それも……安い金で……」と表現するほど制度的にもいい加減さがあると語った。

　さらに教師の給料は基本的に政策ベースで設定されている。金銭感覚では NR（ネパールルピー）の金額にほぼ2倍した金額が日本円に該当する。これも他の職業の収入に対比させると理解しやすい。この頃、ネパールで花形の職業はバスやトラックの運転手で、彼等の勤務状況は、一人運転で20数時間走行するなどの劣悪さ危うさもあるが、25歳の若者が30,000NR／月額をとるというから、日本の約6万円で比較してみると理解しやすい。これは、ネパールの学校長のサラリーと比較すると16,000NR／月額で運転手の半分程度である。

　また、中部・西部で特に顕著な私立学校の数は注目しておく必要がある。特に私立校は都市部に集中するが、相対的には公立校より私立校の方が高く評価されている傾向がある。なお、公立校というのは基本的には国立校を指しているが、海外の公的・私的支援で建設される学校も手続きをしなければ私立学校に位置づく。海外支援の結果運営が続かないケースは、これに該当するものと考えられる。

　また、学校の様子を記述すれば、かなり狭い教室で（5m×5m）、50

第Ⅸ章　途上国（Nepal）の教育・体育教育

人近い生徒達が座っている。また、机も椅子も貧弱で、長椅子だけでもあればよいという状況である。灯りの電気もほとんどない。教室の前の小さな黒板は、もはや黒板というより白板にちかく、教師の書く字が判別しにくい。また、教科で言えば、マスタープラン（1991〜2001）でも体育科があるようになっている。運動の内容なども一応は定めてある（表Ⅸ-2参照）。あちこちの学校には、バレーボールの支柱（木製）が立っていたりする。なかにはバスケットボールのゴールも立っているところもある。それでも、いわゆる通常の体育の授業をみることはほとんどなかった。校庭の真ん中に大きな木が何本もあったりする。その木はバレーボール支柱の片側になっていたりする。それでも……体育の授業はみられない。つまり、教科についていえば、「名はあっても……実態がない」という状況に等しい。こうした国の状況は、例えば、ボールが破れてしまってバレーボールができない……ボールの補充がきかない。それ故、コートの支柱だけが残骸のように立っているということを意味することになる。

　マスタープランの細かい規制力や社会的意味は必ずしも正確には分からないが、小学校の5ヶ年にわたって特にボールや物品が豊富になくとも実行可能と思われる運動群が配列構想されている。表Ⅸ-2のそれぞれ運動の中身がすべてイメージできている訳ではないが中学年以上では歌も一緒に考えられている。日本でも明治期には「唱歌体操」というような教科があった事は知られている。これは、もう少し普及するための講習会等が準備されればすぐにも使えるという評価をしている。この資料を入手した経緯からみると、日本人で海外協力隊員であった古賀氏（広島大学教育学部東雲分校出身）らの知識や、経験が裏打ちされている可能性も感じている。ただ、この2000年前後には、ネパールの国内の状況は内戦状態に入りつつあった。国軍への予算の投入は、学校どころではなく、また、体育どころではなかったのかも知れない。

第4節　ネパールをまとめていえば

　学校数や生徒数はほぼ順調に増加していて、特に90年の政治の民主化以降その傾向は顕著であった。識字率も向上しているが、次のユネスコ資料から読み取ると、非識字率は都市部の15歳以上で52.6％あり、65歳以上では76.3％（ユネスコ文化統計年鑑1992p.53）に及ぶ。これが地方農村部では、15歳以上に81.3％、65歳以上では90.3％が字を読めない状態にあった。このユネスコ資料は既に古いといわざるを得ないが、逆にさほど大幅に改善

表Ⅸ-2　ネパール小学校体育のマスタープラン（1991-2001）古賀（jovc）氏提供

領域／学年	1年	2	3	4	5
マイナーゲーム	人数合わせ ハンカチ落とし 等11種	鬼ごっこ 猫と鼠 等11種	鎖鬼ごっこ 円形ドッジ 等11種	ホットポテト 等5種	鶏と鷲 等5種
模倣	アヒル歩き 等5種	蛙跳び 等5種	像歩き 等5種		
ストーリーゲーム	犬と猫 ライオンと兎	飛行機 洗濯			
集団行動	—	○	○	○	○
体操	—	—	—	腕・脚・腰の運動	腕・脚・腰の運動
基本的な動き	—	—	—	片足ジャンプ 両脚ジャンプ 等6種	頭上ボール投げ 足でボール止め 等3種
リレー	—	—	—	3種・ランニングの知識	3種・ランニングの知識
陸上				フォーム etc	スタート etc
歌	1年生の歌	2年生の歌 学生の歌	3年生の歌 学生の歌	4年生の歌 学生の歌	5年生の歌 学生の歌

第Ⅸ章　途上国（Nepal）の教育・体育教育

されているともいえないところに多くの矛盾がある。民主化以降、相当の教育プロジェクトが展開されて、非識字率は学齢期では15％程度と推計されるが、地形的問題や交通通信の不便さもあって成人教育（Adult Education）プログラムがさほど進展していない。65歳以上ではやはり70％近くが非識字状態である。

　そして、さしあたりスポーツをしようとか、遊びを国民の生活に位置づけていくというような学校での学習は、必要度の高い「読み・書き・計算」という基本的リテラシーに目途がたった時に、はじめて必要度が高まるのではないかとする可能性も意識する。学校や教育の仕組みづくりが、数的に一段落しようとしているこれから期待できるような学習領域なのかも知れない。その為のモデルづくりが東広島ユネスコクラブの取り組み（次章）とも言える。

　ネパールの国情をより理解するために、統計資料や政府発行の報告書に目を通したが、基本的にはネパールの政治と経済問題を根っこの問題と意識するようになっている。圧倒的に貧困層が多いことや、そのためにマオイスト運動が暴力性をもちながらも支持されて、活発化してきた経緯がある。ネパールの国情という観点から問題を整理すると、政治的安定化と、対インド政策の重要性と、交通整備や交通手段の確立が課題であるように理解されるし、今後の教育の質的発展のために教員養成の仕組みに課題があるように理解している。

　また、加えておくべき情報として、2001年10月29日の朝日新聞は、ギャネンドラ国王が、その長男パーレス氏を皇太子に指名したと伝えた。その長男は、交通事故等に絡まって「素行不良」と目される人物で、これも一つの火種を抱え込む体制になっていた。結局の問題として言えば、王室制は廃止になったが……。

　この稿を終える段階（2009年10月）で、以下のようなメールが届いた。先に述べた小田女史からのものであるが、11月23日のネパールラジオ放送

177

で、現行の憲法に沿った「テロ管理法」と「陸軍の発動許可法」を正式に決定した。そして、23日に中西部 Dang 郡において、これまでの最大規模の反政府組織の襲撃事件があり、夜間外出禁止令が発動されたと伝えている。この通報者である小田ら民間モニターはカトマンズの空港から一歩も動けず、従って、どの事業の現場も訪問できずに、日本に帰国したとも伝えている。首都カトマンズやポカラの街に、強い緊張感がある訳ではないとも書き添えられているが、しかし、政治的安定そのものに大きな懸念がある。

　何度か延期され、のびのびになった選挙で、マオイストが第1党になり、国王制の廃止を決めた。そのマオイストも、政権を投げ出してしまった。この国の行く末がどうなるか……わからない。この国の選挙がうまく行くようにと、日本からも派遣された人々がいるが、彼らのはたらきもよくわからないものになってしまった。

文　献

- 三根和浪・鈴木明子（2009）：「フィンランドの教員養成における教育職能形成の実態　―クラフト科教育の教員養成事例から―」、日本教科教育学会誌、32（1）、51-59
- 松岡重信（1992）：「ネパールの体育教育の現状　―日本の体育教育との比較の観点から―」、中国四国教育学会研究紀要、37（二）399-404
- 松岡重信（1993）：「ネパールの保健体育の現状 II　―マスタープラン（1991-2001）を中心に―」、中国四国教育学会研究紀要、38（二）、349-354
- 松岡重信（1994）：「ネパールの体育教育の実情　―識字教材開発研究ワークショップを通じて」、中国四国教育学会研究紀要、39（二）、354-359
- 松岡重信（1995）：「ネパールの体育教育の実情Ⅳ　―ユネスコ'94年度識字教材開発のフィールドテストとワークショップからみえたもの―」、中国四国教育学会研究紀要、40（二）、407-412
- 松岡重信（1996）：「ネパールの体育教育の実情Ｖ　―ベグナス村におけるNGO活動を通して―」、中国四国教育学会研究紀要、41（二）、338-343
- 井上恭子（1997）：「インドに閉じ込められた国、インド・ネパール関係」、

石井薄『アジア読本、ネパール』所収、55-68、川出書房新社
- 日本ネパール協会（2000）:『ネパールを知るための60章』、51-84、明石書店
- Ram Prasad Bashya (2001)：:Improving the Method of Teacher Selection, Country Report of APEID, 2001
- His Majesty's Government Ministry of finance 1998, Economic Survey, Fiscal Year
- Cental Bureau of Statistics (1997) : Statistical Year Book of Nepal, 1997
- Sarbagya Bhakta Malla (1995) : Primary Teacher Education, Japanese National Commision for UNESCO, Unesco APIDE Asociated Center : The Universalization of Primary Education; Enhancing Professional Development of Teacher in Education Asia and the Pacific Region, 151-155
- Bajra Raj Shakya (1994) : Eduatinal Implication of Change ; Nepal, Japanese National Commission for UNESCO, Unesco APIDE Asociated Center : The Universalization of Primary Education ; Enhancing The Quality of Teacher Education to Promote The Role of The Teacher as Change Agent Towards The Twentry-First Century, 69-81

第Ⅹ章　ネパールの教育支援の効果について

第1章　はじめに

　本調査研究の目的は、ネパール王国の教育や体育・スポーツの実情を可能な限り正確に記録して報告することである。従って、ネパールであろうが、ブータンであろうが、途上国の様子などに格別に関心のないむきにとっては余り意味のある報告にならない。それでも、2000年10月に開催された「第51回日本体育学会」において、ミャンマーの体育事情についてのレポートとかが出始めている。その意味では、体育やスポーツ教育の分野でも、研究者たちの興味が拡大し、海外との往来が盛んになっていることが伺える。例えば、齊藤はアラブ圏・イスラム圏のシリアやヨルダン・エジプトの教員養成や体育の事情を克明に報告している。金田もネパールの高校教育について調査している。かれらの調査は、JOCV（海外協力隊）として、何年か現地で生活し、現地の人々と共に活動した結果としてのレポートであり、正確度は相当に高いもの思われる。

　かって、欧米にしか向いていなかったわれわれの目線が、途上国にも向けられるその理由の最たるものは研究者の興味といえばそれまでであるが、何かの人間関係に誘発されたり、旅行で訪ねたり、すごく気に入った風景があるとかの……何かに誘発された動機のようなものがある。さらには別の観点が設定できる可能性もある。こうした途上国のレポートは、常にわが国との違いや、劣悪な状況の解説に終始しがちであった。筆者のレポートも少なからずその傾向がある。そして、それも事実関係には違いないが、異なった観点設定が可能性である。例えば、「カリキュラム研究」や「教科にからむ学力研究」と、政治経済状況や当該国の文化水準等との

第Ｘ章　ネパールの教育支援の効果について

関係であったりを理解しようとする。もっと大げさにいえば、「学校制度」そのものも含めて、「体育科」や「保健体育科」の成立や改革についての素朴な歴史が読みとれる可能性がある。世界に於ける素朴な教育制度の形成過程において、現実的には如何なる要件が整ったり、いかなる条件の変化があると、実質新しい教科が誕生したり、消滅したりの変化をたどるのかという歴史的・社会的な視点に大いに興味がある。

　2000年１月の８度目のネパール訪問と、その活動内容から副題に示す東広島ユネスコ（会員数48名、法人会員１社）が、支援協力を開始して６ヶ年目を迎えようしているアマルシッダ高等学校（モデル・ハイスクール）の、その後について報告するという形をとりたい。なお、あとでもふれるが、インターネット情報でネパール支援やNGOの歴史をまとめている野崎らによれば、学校建設や教育支援を含め、植林・医療に限らず最近の10年でも2000近い日本人の組織や個人がネパールにかかわっているとする。このかかわりに関する評価も、さほどいいものばかりではなく、建物は建てたがほとんど利用されていないとか、学校として建設された建物が物置になっているとかの話はよく聞かされるところである。この典型例は、今回のネパール訪問の行程が、帰国間際に飛行機が故障してキャンセルとなり、非常に混乱した。こうした時、われわれのとる行動は、まず情報を探すが、その中で全く偶然に知り合った静岡県からの団体の方と情報交換をした。この情報交換で実感させられる典型的な事例を知ることができた。これについては後に報告する。

　さて、最低10ヶ年は支援を継続するという、上記の東広島ユネスコの支援スタイルはまれにみる長期的スタンスをもっており、おそらく今後もつづくと思われる民間支援やNGO活動の１つのモデルになるだろうという期待もあり、今後も数年おきに密着して定点観察を続けたいと願ってきたし、一部はそれがかなった。

第2節　NGO東広島ユネスコ協会の支援活動の概略

　東広島ユネスコ協会は、高橋龍子氏（内科医・84才（故人））を会長として、NGOを名乗る団体である。会員は、当時48名で様々な活動を展開している。このユネスコ・クラブ自体は、県単位や国単位のものと連動しているようであるが、経済的には独立性の高いものである。この団体の特徴や活動の微細を承知している訳ではないが、6年前にネパールは観光地のポカラに近いベグナス村で、学校や地域への支援が開始された。そこに至るまでの経緯はよく分かっていないが断片的に聞いた話しをまとめると以下のようである。

　1995'年からこの地域との準備交渉が始まっており、当地のアマルシッダ高校（小学校も中学校も含んでいる）と、ベグナス村を10年間支援して、現地の人々の「自立」を促すというものである。ところが、この支援が開始されて間もない頃に、ある種の危機的事件が発生した。それは表X-1にも示す、1996年に「文化会館」を建設し、そこに図書館や医務室、そこに管理人を専従させて運営の便宜を図り、「会館運営委員会」にこの管理や運営を委託した形をとっていた。この「運営委員会」は、トップに地元の有力者を当てていた経緯がある。ところがこの有力者が地元の議員選挙に立候補するために、運営委員会の資金もユネスコが建設した「文化会館」の鍵ももったまま行方をくらませるという事件が発生した。選挙運動に奔走し「文化会館事業」を省みない状況があった。この時期に筆者は、前触れもなくこの学校を訪問したことがある。この事件のことは知らなかったが、会館には鍵がかかり、利用されているという風景ではなかった。後に、校長のSamalal Tywari氏が対応してくれたが、ネパールの組織にかかわる習慣や人脈の機微を学ぶことになった。

　この年のユネスコ訪問団も含めた運営委員会で、彼を罷免し、別の運営委員会を再組織した。そして、現地在住の日本人（和田正夫氏）が、相談役につくという体制を再組織して立て直したという。ここで、これまでの

第Ｘ章　ネパールの教育支援の効果について

表Ｘ－1　支援活動の概略（NGO 東広島ユネスコ協会の報告書より）

年　月	支援内容	必要経費
1994～1995	・準備交渉と募金活動の開始、・確約書の交換	(3,322,285円)
1996.1	・文化会館建設（建物面積90平方 m） 　１Ｆ：多目的ホール、２Ｆ：図書館、保健室、スポーツ用具、事務室 　３Ｆ：裁縫教室（後に増設） ・健康診断、教育神社建設、ミシン５台購入、 ・スポーツプログラム（バレー・バドミントン・ドッジボール）始動	(1,538277円) 合計238万円
1997.1	・図書館拡張（新刊本追加）、裁断机、黒板、掲示板等購入 ・薬代少額徴収開始、識字教育修了者女性25名	(1,499247円)
1998.1	・裁縫技能一般女性修了者増加、女子学生も７人修了 ・識字教育修了者女性女性20人、飲料水タンクと水場設置	(1,329,530円)
1999.1	・バスケットボール設置、アイロン購入、ミシン計12台に ・地域の調査（勉強希望者384人）、地域識字教育開始	(1,085,819円)
2000.1	・バスケットコートの整備、図書館147人の生徒40人の保護者がカードを利用して使用、裁縫６ヶ月ミシン訓練 ・17名の女性が参加して７名が修了、地域21名の識字教育、衣類の仕立て販売計画（２ヶ月で2400円の収入） ・スポーツを重点内容にしていく	(1,156,576円)

　東広島ユネスコのネパールにかかわる６年間の歩みを整理しておく（表Ｘ－１参照）。これは東広島ユネスコが年に数回発行している会報（2000年特集６号）を参考にして整理したものである。
　筆者自身は、このNGO 東広島ユネスコクラブに同行してネパールを訪問したことは、まだ２度目であるが、10年間では都合４回かと記憶してい

183

る。けれども無理のない、しかも、参加者がベグナスの支援活動のみでなく、つまり他にもネパールを訪れる楽しみをもって訪問している事実がある。ある婦人は現地での買い物を楽しみにしていたり、山に近づく観光を楽しみにしていたりである。例えば、今回の訪問団同行が２度目という女子高生２人は現地校で「折り紙」を指導する約束をしていたり、別の婦人は「毛糸の編み物」を教えることを数年間継続していたりする。訪問団参加者が個々個別にモデルスクールの子ども達・生徒たちと連携している。それぞれに、昨年何かを教えたことが……今年はどうなっているか……等を楽しみにしながら、日本から折り紙用紙や毛糸を準備して、言葉の壁など問題にしないプログラムの活動を行っている。それらの指導風景に接していると、ユネスコとしてのフォーマルな支援協力活動とともに、参加者個々人が個別に課題や楽しみ事を持っていることも、……支援が長続きする一つの秘訣かと考えたりする。

　これが、これまでの５ヶ年のユネスコの取り組みの概略であり、スポーツ事業も初年度からスタートしている。たまたま活動を披露してくれたバレーボールでは、高校の年長の生徒達の活動ではあったが「これは立派！」という印象であった。バレーボールの「３段攻撃」が十分に成立しており、トス・アップがアタックに繋がり、またそのアタックがひらわれて繋がっていくゲームが展開していく……様子が観察できた。このような技能・技術的なレベルは、外見的にはごまかしようもない。週当たりの練習頻度まではわからないが、日常的にバレーボールが実施されている証拠ともいえる風景であった。

　そう言えば、田圃の中に支柱（木）が立っていたり、生木を支柱にしてネットを張っている風景も観察できた。

第３節　10年プロジェクトの追加事業内容と評価

　東広島ユネスコ・クラブの支援活動やそのプログラムの概略を先に報告したが、これらは、いずれもコーディネータを介しての相談や年１回の

第Ｘ章　ネパールの教育支援の効果について

フォーマルな会議で決定して実行されてきた。それでも現実には経済的基盤を必要としている。また、先にもふれたが支援協力期間が10年で設定されている。従って、今実質５年が経過して、いよいよ後半にはいる来年より支援金額を減少させ、より現地の人々の自立を高めて欲しい旨を伝えねばならいポイントに来ていた。ユネスコクラブの事務局員も緊張していた。心配された通り、その事が運営委員会で事務局員より表明されたとき、たまたま会員でもない筆者も同席していたが、何とも言えぬ雰囲気が漂い、……十数名の会館運営委員から、ため息とも不満ともつかぬ声が漏れていた。彼らの学校や地域への活動の為にはユネスコ・クラブの支援に依存していることの証拠かもしれない。文化会館の運営についても、学校のメンテナンスや、スポーツ用品の追加や医薬品の追加にしても、基本的にはその費用を必要とする。今は、東広島市での現物寄付も少しはあり、必ずしもすべてが現金で購入されている訳ではないが、これも何時までも続くという保証はない。また、これとは別であるが、日本製の写真カレンダーやスポーツ用品（バドミントンのシャトル・卓球）等が、格別に喜ばれているという事であった（江戸芳江氏談）。

また、「文化センター名義」として約50,000Rs の預金が貯まっていると

表Ｘ－２　東広島ユネスコの事業内容とその概略的評価

事業項目	その評価
・育英奨学金制度	・４名（男３、女１）の成績優秀者に支給しており、効果が上がっている。
・家庭識字事業	・学校に通学している子どもを教師役にしての母親の文盲克服事業で現在21名に試験実施中である。
・スポーツ事業＊	・学校の校庭を中心にバレーやバスケ・バドミントン、文化会館の１Ｆで卓球などが展開される。目下は生徒達に限られているが、特にバレーの場合、学校制度のズレを考えてもかなりうまく、三段攻撃はほぼ完成している。これは極一部のうまい生徒たちがやっていたにしても素朴に驚きであった。
・保健衛生事業	・「健康診断」を実験的に実施し始めている。

のことである。なお、この50,000Rsは、日本円にして約10万円になり、仕事にもよるが、単純作業なら大人ひとりの月給がほぼ3000円ということから、実質を推測して欲しい。地元の有力者の働きもあり、学校は増築をしながら増える生徒数に対応し、ユネスコのスタッフでもあった会員達が、音楽活動で得られた資金でトイレを造るといった活動もあった。

第4節　モデル校の生徒数の変化から

　ネパールでは、まだ十分に教育制度が整っていない。都市部では私立の学校も多く、就学率も高いが、郡部ではかなり状況が異なる。ユネスコ協会が支援しているこのモデル・スクールは、ネパールでも有数の観光地ポカラからバスで1時間程度で、ポカラの近郊という地理的関係にある。従って、さほど田舎という訳ではないが、山肌にへばりついたような小さな山村で、どの家も小さな段々畑と、家畜として山羊や鶏・牛等が飼育して生活している。子ども達の数が結構多くて、4〜5人兄弟は珍しくない。それでも、けっして豊かな山村という訳ではない。また、制度的な縛りが薄く、「学校区」という規制はないという。基本的にどこの学校に行こうと自由になっている。従って、「いい学校（？）」には、多くの子ども達が集まるという事情もある。表Ⅹ－3は、95年からのこの学校の生徒数の変化を示しているが、この様子から読み取れる情報もある。

　生徒合計数の変化から言えば、95'に480名から99'年には638名に増えている。日本的な習慣から見れば、「小学校・中学校・高校」が、1つの学校で、ここではアマルシッダ・ハイスクールと呼ばれているところに、少し違和感を感じてしまう。それでも、それはそれでこの国には合理的と言えなくもない。ともあれ、生徒数の増加対応として、97年度に、村が寄付（土地と労働と金）して、学校の3教室分を増設している。この学校がどうした運営をしているかもあるが、学校の二部制はよくあることである。朝の7：00から授業があったり、午後には生徒が入れ替わる……というのもよくあるようである。

第Ⅹ章　ネパールの教育支援の効果について

　この学校の周辺での、評判が高くなって生徒数が増えているということは、先にも報告した通りである。日本と同じように1年で、進級していくとみなすと、斜め読みして、95年の小学校1年生は109名で、96年には57人まで落ちて半減しているとみなせる。その人数差は2つの要件が考えられて、病気や家の都合で学校に来れなくなったケースが該当する可能性と、特に10才前後では農作業等の担い手としての期待があり、徐々に学校と疎遠になることが考えられる。

表Ⅹ-3　アマルシッダ・モデル・ハイスクールの生徒数の変動

		95年	96年	97年	98年	99年
小学校	1	109	100	93	100	72
	2	61	57	58	73	73
	3	51	43	51	56	61
	4	38	51	46	50	56
	5	29	37	56	45	6
中学校	6	57	58	60	64	78
	7	49	52	51	58	77
	8	35	54	54	60	59
高校	9	20	37	53	54	49
	10	31	21	35	49	52
合計		480	510	557	609	638

第5節　地域支援や学校支援と「自立」への課題

　先にもふれたが、今回のネパール訪問では大あわての事件があった。日本に帰国する際、カトマンズ空港を真夜中の0時過ぎに出発する関西空港きの直行便がある。この関空行きの便がインドの空港で故障して、2時間以上も待たされた上にキャンセルになった。荷物を引き出して、空港会社が押さえてくれたホテルに向かったが、全く情報がなく、われわれも混乱に極みにいた。その時に、声をかわした日本人グループと情報を交換しながら色々と話した。この人物は元国会議員であったこと。この人物の話を

要約すると、今年で３年目を迎える事業が完全に暗礁に乗りあがろうとしていることを心配していた。つまり、カトマンズ北部の村落地域に自主財源で病院を建設し、日本人の医師と看護婦を常駐させている。その際、日本人医師と看護婦への手当が、日本国内との２重払いで契約しており、国内分は別にして、現地給料が少なくとも年間300万円は必要になる。二重情報になるが、概算で日本円とネパールルピーは１ルピーが２円程度と考えれば理解がはやい。そして、医師と看護婦の日本人スタッフに払う現地給料約300万円というのは、日本ではともかくも、現地では莫大な金額ということになる。元国会議員氏によれば、その300万円が準備できない可能性が高まり、途方に暮れているという話しであった。

　いずれにせよ、こうした支援の行き詰まり情報や、資金不足状態が２年もつづくと、たちまちに、当初の目論見が０ベース以下にもどってしまう可能性がある。また、特定の篤志家やスポンサーに依存した活動は、少しの状況の変化でたちまち活動停止に追い込まれる可能性があることを示唆している。この点、東広島ユネスコは決して無理な活動を展開していないし、集められた募金の範囲であまり金のかからないスタイルで事業をおこし、現地スタッフにまかせた運営を展開しようとしている。また、現地在住の、和田正夫氏がコーディネータとして、東広島市ユネスコとのコンタクトが頻繁に、かなり詳しい情報が東広島ユネスコ協会に届くというシステムをもっている。これは現実的な問題としても、非常に重要なポイントだろうと考える。現地を知り尽くした人間が、間にたってコミュニケーションをつなぎ、必要な事は何で、用心すべきは何とか、等の指導的かつ仲介的な役割を果たしている。こうした日本人がいるという点の強みは非常に大きいものがある。

第6節　NGO支援活動にかかわる懸念材料

　ただ、懸念される問題もないわけではない。例えば、東広島ユネスコの会員全員の年齢までは把握していないが、現実に中心になって動いているメンバーの年齢が相対的に高いこと、これはあと5年前後、そして年1回のネパール訪問団の結成にしても結構不安になるポイントである。さらに厳しい現実は、東広島ユネスコクラブの会長であり、他の団体の運営にも深く長くかかわってきた高橋龍子医師が、平成12年10月31日に急死という訃報にみまわれた。享年84才と高齢ではあったが、かくしゃくとした女性リーダーで、地域の「顔役」でもあった。自らも3～4度ネパールに脚を運んでいる。この人物の急な逝去の影響は、これから表面化すると思われるが、相当のものであろうと推測できる。

　もう1点はインターネットでも確認されることであるが、治安や安全性にかかわる問題である。外務省が発表している海外渡航に関する情報では危険度1「注意喚起」～3「渡航延期勧告」で、中西部も西部も結構危険であるとされている。この状況は、つい2～3年前と比較すると、例えようもなく変化している。これまでに関して言えば、ネパールは格別に貧しい国ではあるが、また同時に格別治安状況のいい事で知られる国であった。ところが、あちこちでゼネストがあり、飛行機もバスもタクシーもリキシャも止まる。何時動き出すかというような情報もほとんどない。西部の街や農村部で暴動問題が発生していたり、特に中西部・西部・極西部の郡部において「マオイスト」と呼ばれる集団の社会運動や、旅行者を襲う襲撃事件、警察や軍と衝突する暴徒集団、さらにカトマンズ市内の観光地に住むストリート・チルドレンなどの報告も相次ぎ、相当に治安状態が悪化している。この治安問題は、いま現在で、現地ポカラやベグナス村に及んでいる訳ではないが、後にはホテルが焼き討ち事件にあうなど非常に懸念される問題である。直接的には観光客の減少も懸念され、短期的に経済的悪循環に陥る可能性も秘めている。

第7節　まとめ

　途上国を巡る経済格差・貧富の格差は、必然的に衝突や混乱に至る可能性とエネルギーをもっていると考えている。ある種の経済的・政治的対立と混乱の歴史を経なければ、真に民主化とか富の配分の合理化などは獲得できないとすれば、今後の政治状況や経済状況から目をそらす訳にはいかない。ネパールの民主化は、王政からコングレスと呼ばれる（ネパール会議派）議会政治への転換点とされるが、それは1990年ということになる。そこから換算しても、さほどの年月が経過していない。

　このモデル学校にしても、東広島ユネスコ・クラブから発行された「スマーリカ記念誌」によると、ネパール歴の「2020年」に村の議会で学校設立を決めて、資金計画をたてた時点からの始まりで、学校自体が30年程度しか経過していない。それも中学校・高等学校を年次計画通りにはつくれなかった背景をもつ地域である。支援協力の必要性とか、相手からの要請とかは、これからもユネスコ・クラブで議論されるのであろうが、国の政治状況についても把握している範囲のことは記録しておきたいと思う。

　90年の民主化革命は、それまで優勢であった中央集権的なパンチャヤット制と呼ばれる政治体制がコングレス派に変わったという基本的な図式がある。パンチャヤット制を打ち壊すに際しては、コングレス派と共産党は協力体制にあったが、議会派に変わったとき、制定された憲法の評価を巡って、コングレスと共産党が大きく対立して、その図式が地方にも波及している。マオイストという社会運動のグループの動きもその一つである。暴動化して、警察だけでは手に負えず、軍隊の投入も議論されつつあると金田（2000.10）は報告している。

　目下の政治情勢や社会情勢を総合的にみて懸念材料も多く、また東広島ユネスコ自体も高齢化や会長の急死といった事情の変化がある。インターネット上でネパールに関するNGO活動の転機を訴える野崎泰志（日本福祉大）は、「ローカルNGO」や「空き缶シンドローム」とか「亡命型

第X章　ネパールの教育支援の効果について

NGO」と揶揄するように、多くの善意ある人々や団体の支援活動が「砂漠に一時的に水をまいた状態」になる恐れは十分にあるといえる。「空き缶シンドローム」とは、多くの学校団体や地域団体がやる支援のスタイルで、空き缶の廃品回収で、数年かけて50～100万円の収入を得て、その金でネパールに学校を……というようなスタイルである。野崎は、こうしたNGOの活動が組織的には3つの段階を踏むと分析している。初盤での失敗は、多くのケースでクリアーできるとしているが、中盤での体力ぎれとか、資金調達の難しさで、組織内部に亀裂がはいりやすいことを指摘している。脱落者が出やすいのもこの段階としているが、東広島ユネスコ協会は、今まさにこうした中盤状況に当てはまる可能性が高いのではないかと推測している。そして、NGOの円熟した段階にいたるためには、現地NGOとの連携だけでも不可能で、常駐して指導できるスタッフの必要性を説いている。

　途上国支援や協力というものは、それを生かすという観点からみれば、さほど簡単でもなければ、金さえあれば何とかなる……と、いうものでもないことを改めて感じつつある。ネパールの教育の状態を、アマルシッダ・ハイスクールからみると、体育活動の芽生えやスポーツ導入の可能性は感じる。けれども、これも授業というスタイルではなく、まさしく遊びの一種で、生徒達の活動をみていると男女の交わりはさほど感じられない。いわゆる男社会の縮図がある。バレーボール等はうまい子もいる。慣れたさばきでバスケットを好む子もいる。けれども、それらは普段の休憩の時間の延長である。この国に体育らしい教科活動が位置づくのは何時になるのか……楽しみでもあるが……分からない。少なくともここ数年や10年あれば……などとは……絶対に言えない。まずは政治であろうけど……これも……。

文　献

・松岡重信：「ネパールの体育教育の実情（Ⅴ）―ベグナス村におけるNGO活

　　　　　動を通して―」．中四国教育学会教育学研究紀要、44（二）、
　　　　　338-343、1996
・松岡重信：「ネパールの体育教育の実情（Ⅵ）―地域差に着目して―」、中四
　　　　　国教育学会教育学研究紀要、45（二）、429-434、1997
・松岡重信：「ネパールの体育教育の実情（Ⅶ）―タルー族の生活と運動―」、
　　　　　中四国教育学会教育学研究紀要、46（二）、312-317、1997
・東広島ユネスコ発行：会報　2000年第6号
・東広島ユネスコ発行：「スマーリカ記念誌」
・齊藤一彦（1999）：「シリアにおけるスポーツ教育の現状と課題」、中国四国教
　育学会『教育学研究紀要』、44（一）、421-426
・齊藤一彦（2003）：「アラブ諸国におけるスポーツ教育指導者養成に関する研
　究」、中国四国教育学会『教育学研究紀要』、48（二）、282-287
・岡田ちあき（2002）：「カンボジア女性の身体運動に対する意識」、『アジア女
　性研究11』、59-65
・金田英子（1991）：「ネパールにおける高等学校体育の成立と展開」、『日本体
　育大学紀要』、21（1）、21-30
・岡田ちあき（2004）：「開発途上国における学校スポーツの現状：カンボジィ
　ア王国シェムリアップ州の学校スポーツ調査」、『大阪外国語大学論集30』
　33-49
・ユネスコ編（1993）：『ユネスコ文化統計年鑑1992』、原書房、p.53

第XI章　ブータンの体育教育と教員養成システム

第1節　ブータンを訪問して

第1項　背景と問題の所在

　そもそも1つの国に入って、わずか1週間程度でその国を理解するなどということは不可能に近い。それは教育制度にしても、その国の文化にしても如何様にこの国が動いているかを完全に理解することは……不可能に近いということでもある。本章での報告もそうした困難さを含んでおり、如何にも虚実混合のレポートになってしまうことは覚悟しなければならない。

　さて、本調査は、2006年から2009年度にかけて交付された日本学術振興会の科学研究費の補助のもとに実施されている。研究スタッフは、広島大学の学内外の各10名で、筆者が代表を努めて、合計10名のスタッフで展開している。また、この科研のテーマは「教育職能の形成と高度化に関する研究」であり、日本教科教育学会の「課題研究」の位置づけを得て進行している。主旨的には、海外の出来るだけ多くの国々を実地に調査して、生の情報を得ながら「世界の教員養成（教育大学協会、学文社）」に、まけない冊子を作りたいと願っている。表Ⅷ-1（p.140）のように2008年12月までに下記の国々へ担当者が赴き、得られた資料を整理している段階といえる。また、2009年度は、先に記述するように阿部（カナダ再調査）や寺尾（ドイツ調査）らを担当者として該当の国へ調査に赴く予定である。これらの調査が終了したのちに、2009年度内に報告書を作るという段取りにしている。

　これらの内、筆者はネパールと、ブータンおよび中国の内モンゴル自治

区フフホト・西安・チベット自治区のラサの調査を担当した。うち、ネパールとブータンには平成19年の12月に調査に赴き、中国の3カ所には平成20年の9月に調査を行った。ネパールやブータンはヒマラヤ山麓の国々であり、表ⅩⅧ－1の全体の調査国からみれば、「途上国」という位置づけになる。そして、これらの国々がどのような教育システムを形成してきて如何に運用し、それらがいかなる問題をかかえ、それらの問題を如何に克服しようとしているかなどの情報は、貴重な体験を共有することにつながる可能性があると考えている。海外をみるという実体験から、日本の教育や教員養成をみるという手法ながら大いに期待されるところである。

第2項　ブータン王国の素描

　本調査は、すでに2年目の活動として、筆者が訪ねた国3ヶ国のうちの1つである。筆者はネパールとブータン（平成20年にはチベット等も）を担当し、調査における位置づけは先に述べた「途上国」の1つということである。そして、ブータンは、ヒマラヤの東南山麓に位置する人口70万人程度の小さな山国である。地理的には九州とほぼ同じ程度の小さい面積であるとされている。けれども、耕作地としてみれば、山々が急峻で耕作地の可能性は九州より遙かに狭い国土と言える。ブータンは、農業を主体とし、独特の文化や生活様式を保っている。民族衣装（男性用：ゴ、女性用：キラ）と呼ばれる巻スカートにちかい服装、和服の着物を着るに近い服装が伝統である。現地（首都ティンプーやパロ）でみる限り、6割以上の人々がこれを着用している。それでも、ガイド氏によればこの民族衣装も着る人が少なくなってきたという説明であった。ただ、国や地域の行政マンや学校の教師・また学校期の子ども達の制服は、この伝統的な服装を保っている。これらは、国民的ユニホームともいえるものである。

　先に調査したネパールのカトマンズ空港から直接空路で、国内唯一の空港のあるパロという街で、入国の手続きをした。山が押し迫った、その山あいから滑走路に入るのは相当に難しく、高い操縦技術が要求されることだろうと感じ入ったりした。この空港に出入りする飛行機は、「ズリュッ

第XI章　ブータンの体育教育と教員養成システム

ク・エアー」と呼ばれる国営会社の飛行機だけに限定されている。従って、タイ経由かインド・ネパール経由でしか入国できず、２機の飛行機が午前中に着陸する時間設定で運行されている。この午前中に限定されるのは、天候と霧を考えてのことであるらしい。１本（1,500メートル級）の滑走路があるだけの空港で、ネパールと同様に貧しい国の一つという予想はあったが、入国当時から眺める風景としては、ネパールとは随分異なった雰囲気を、入国の段階から感じていた。ネパールの、特にカトマンズは、一言で表現すれば「埃」と「喧噪の街」であった。街全体がザワザワと騒がしく、車のホーンと、臭いのきつい排気ガスに満ち、人々は我先に道路を渡ろうとしたり、大声でどなりあっていた。ところが、このブータンのパロや首都ティンプーは、美しい建築物と軒下や窓枠が彩られた家並みは、実に美しいものであった。人々も、どこか落ち着いていて、アタフタしていないことを感じた。けれども、当初それは如何なる理由か理解できない状態であった。気候的には、訪問したのが一度目は12月中旬で、夜は寒さも感じるが、昼間は暖かく、田畑には菜の花が満開であった。そして、学校期にあわせて言えば、学校は丁度長い冬休みに入ったばかりであり、学校を幾つか訪ねたが、その意味では体育授業や他の授業も直接観察は出来なかった。二度目の訪問は、2009年３月であったが、この季節はシャクナゲ（国の花）やこぶしの花が美しい季節でもあった。まさに春爛漫のブータンであった。

　ブータンの人口は約70万人程度と述べたが、首都はティンプと呼ばれる街で、パロ飛行場から車で２時間程度を走ることになる。その道路はあちこちで工事中で、筆者が訪問した2007年の12月の事情からみると、若いブータンの国王が、自ら政治の体制を変えていこうする動きが現れていた。2008年の２月には、その「共和制国家」の記念式典が予定されているということで、海外の賓客を出迎えるための工事であるとの説明をうけた。不思議に、この道路工事に直接かかわっている労働者は、ほとんどインド人だという。大人も男も女も小学生くらいの子どもも、汗と埃まみれで働いている姿があった。この道路改修の作業は、こうしたインド人

の人力によって進められていた。後に2度目の訪問時には、パロとティンプーの間は、約1時間で首都の街チンプーにつくように改修された。

また、道路という道路は、街の中はともかく、街と街を結ぶ路線は山間の谷筋にそって走っており、当然のことながら、白い水しぶきをあげる急流が道筋に併走している。如何にも山国であることの証左でもある。国としての建築物に規制がかけられているようで、5階建て以上の建物はないし、もちろんその建物も軒下や窓口は美しい文様で飾られていた。これは「ズン」と呼ばれる、政治の役所と宗教の中心施設でも同様であった。この宗教施設では、通常とは異なる学校（僧侶の学校）も兼務した施設であった。また、先にもふれたが、この国がチベット仏教をベースにした仏教国であるためか、また、タバコの害が広く知られているためか、国中が一応「禁煙国家」ということになっている。旅行者が、沢山のタバコを持ち込むと、空港で没収されるという情報も知らされていた。けれどもこうした酒やタバコを禁じる国や地域の話しをよく聞くが、必ず抜け道があるのも事実であった。自分の持ち込みタバコがなくなった時、近所の雑貨屋を訪ねて一度では無理でも二度三度と交渉すると、店番のおばさんがタバコは出してくれた。このタバコは、多分インドからの密輸品であると思われた。また加えて聞くと、この国を走る車は、無論日本車が圧倒的に多いのであるが、新車しか輸入しないことになっているという。ネパールを走る、何世代も前の車（タクシーは「トヨタカローラ」）とは相当に大きい違いを感じていた。

第2節　ブータンの教育制度および教員養成制度

第1項　ブータンの教育の概要　―ことばは英語―

ティンプーに滞在した約1週間で、訪ねた施設や人物は、大まかにいえば、JICA・教育省・小学校4校、中央ズン1カ所、海外協力隊でティンプ周辺に派遣されている海外協力隊員（JOCV）の6人の日本人である。この時には、彼ら彼女ら協力隊員も筆者を珍しがっていたが、日本人がこ

れだけ海外で貢献している姿は非常に誇らしくも感じた。体育隊員もスポーツ隊員もいて、むろん男性も女性もいる。

　先にも述べたが、各学校はこの時期12月に丁度冬休みに入った直後であったが、教師達は学校にきている。その内の女性校長とのインタビューでは、小学校の低学年までは、日本の小学校と同じ「学級担任式」が採用されている。これについては、小学校低学年の子ども達の教師には「母親」の機能が求められているからだという説明を、校長から直接うけた。しかし、小学校中学年以降からは所謂「教科担任制」がとられている。また、ズンカ語（ブータンの言葉、国語）と、歴史の授業以外は、すべての授業が英語で実施されている。筆者が、空き時間にホテルの前の時計台広場で周辺の人々の生活を眺めていると、小学校５年生ぐらいの子ども達が、英語で話しかけてくる。お互いに、たどたどしいレベルであるが、英語で教育されている確かな証拠のようなものを感じた。そして、その事は二度目の訪問で間違いないと確認した。

　この二度目の訪問では、もっともっと田舎を見ようと国の約中央部（ジャッカル地方）の学校を訪ねた。その理由は都市部の状況と田舎では……かなり様子が異なるであろうという期待もあった。けれども、生徒達は紛れもなく英語による授業を受け、英語で応答していることを確認した。教師達の英語力は結構レベルも高い実用語になっていると感じた。すなわち英語で、話していると言う「わざとらしさ」もなければ、教員同士の会話もほとんど英語である。何故、ヒマラヤの小国が英語で教育をやっているのか……山筋をこえるごとに、異なる文化や異なる言葉があったという。これを統一するなら英語の方が統一しやすいという事のようであるが、……厳密には分かっていない。

第２項　ブータンの学校制度
　初回の調査は、小さい街とはいいつつも、いわゆるブータンの都市部に限られていた。学校もこぎれいに整理され、教師達の職員室も広くはないが、明るい雰囲気で整っている。学校が休暇に入って余裕のあるこの時期

に外の日だまりで教師達が談笑している風景は、実に大らかな雰囲気で、周囲の風景にうまくとけ込んでいた。なお、他の小学校でも同じであるが、教員の多くは女性であった。これはパロの街でみた小学校でも同様で、さりとて男性教員がいない訳ではない。管理職（校長）も、男性であったり女性であったりで特に違和感もない。

　学校制度は、次の図ⅩⅠ-1に示すように、年齢7才から小学校が6年間、中学校が3年、高校が3年間、大学がブータン王立大学と下部組織的な教員養成を担っている教育大学で、養成期間的には日本より1年少ない設定になっている。未確認であるが「教員養成所」が「教育大学」と同じかどうかは分からないが、体育教員の養成は三年制から四年制に変わった

年齢	学年	学校						
22	4	高等教育	王立ブータン大学					
21	3			単科大学シュラブツエ	教員養成所	専門学校		
20	2							
19	1							
18	12	中等教育						職業学校
17	11						高校	
16	10					中学校		
15	9							
14	8			小中学校				
13	7							
12	6	初等教育	小学校					
11	5							
10	4							
9	3							
8	2							
7	1							
6	pp		幼稚園PP					

（左側に「基礎教育」の縦書き表記）

図ⅩⅠ-1　ブータンの学校制度（2008、平山修一整理）

という。従ってこの図も、多少の修正が必要になる。なお、日本式にいうような「義務教育」という概念はないということであった。

第3項　ブータンの体育科教育と体育科教員養成

　ブータンの教育において、体育科教育の授業を設定するとか、どのように教員を養成するかというような議論は、2000年以降のことである。そして、今日的にも体育科の教育が厳密に行われているとは言えなくて、日本の協力隊員が入っているところで、やっと各学年に1週間に一度実施されておればいいところと言える。この国ブータンでは、2000年に体育科という教科を立ち上げる準備が始まっていることになるが、この2000年に始まったということの背景は明確には把握出来なかった。漠然と言えることは、国王が教育に非常に熱心で、体育科の必要性を述べた……可能性のようなものを感じた。悠然と準備状態に入ったものと思われ、恐らく教育や教員養成についての法律を改定し、関連する教員養成機関に仕組みを入れていくという手法がとられたということであろうと推測される。これらの関連機関で、最も大きい施設（教育大学）は、ブータン南部のインドとの国境に近いサムテェという街にある教員養成系大学とされている。残念ながら、この地域は外国人には入境禁止地区とされ、近づけなかった。さらに加えていえば、この地域は首都ティンプーから道筋を一度インドに出て、再入国しなければ入れない地理的状態になっている。山国の尾根筋・谷筋の道路都合とはいえ、相当に難しい地域と言えそうである。

　その代わりと言えるかどうか分からない側面もあるが、パロの街には、さして大きくはないが教育大学がある。ガイド氏の機転もあって大学内で一人の准教授（助教授）に面会することが出来た。名前をシェラブ氏（Kazang Sherab）といい、カナダで社会学を学んだという。その彼が、体育科の教員養成に唯一正規のスタッフとして関わっているという。そして、体育実技系の授業等は、日本から海外協力隊で入国している隊員によっても行われている。特に、彼らの内のシニア隊員が深く関わっていると聞いたが、この人物は、丁度日本に帰国したとの事で逢えなかった。

建設中の体育館めいた建物（2009年には完成していた）があり、約100m×85mの割合広いグランドもある。その片隅にバスケットボールのコートらしきものも整備されているが、初回には何故か石がひかれていて、その表面（コートサーフェイス）がデコボコしているのも気になっていた。が、二度目の訪問時に人工芝が打たれて綺麗なコートになっていた。パロの大学全体でみれば、まだまだごく一部の機能が動き出した程度の進行状態と言えなくもない。サムチェの状況を未確認のまま言うのは、やや乱暴であるが、何人もの体育教員が、毎年大量に養成されているとは言い難い状況がある。
　二度目にこのパロの教育大学を訪ねると、上条氏という「シニア隊員」が、サッカー大会の準備をしていた。彼に案内してもらい、美しく仕上がった体育館をみせてもらった。ガタガタであったバスケット・コートも綺麗に仕上がって、加えて隣にテニスコートも1面人工芝で完成したばかりであった。ゆっくりしてはいるが、着々と整ってきていることを感じた。けれども、まだ個々の学校に体育教員がきちんと配置されている……そんな段階には至っていない。

第4項　ブータン（パロ）における体育議論

　ブータンでは2000年に学校教育に、スポーツと体育に関する教科を設定する方向が確認されたというが、それは何が何でもいついつまでに完成させようという様な性質のものではないように思われる。その事を裏付けるように2006年にパロにおいて、その保健体育教科の考え方を整理した英文の資料によれば、おおよそ以下のような議論が行われた。約19のセションで議論された経緯が記述されている。そして、加えてこの議論にはJOCV（海外協力隊）の体育隊員が、この議論や整理に加わっている。漢字名は不明であるが、Hiroko IrumataやYuki Fukunishiの日本人の名前があり、また先に見たパロ教育大学の准教授もこの議論の中心人物として活躍している。こうした経緯や状態が2006年頃であるとすれば、基本的には少なくともパロ校では、日本人の体育隊員の支援を必要としている段階で、確た

第XI章　ブータンの体育教育と教員養成システム

> ①スポーツと宗教との関係性を問い、
> ②スポーツ活動と子ども達の健康的なライフスタイル検討し、
> ③文学文化等におけるスポーツの役割を論じ、
> ④アーチェリー（これは伝統的にポピュラーなスポーツ）の発展に即して考え、
> ⑤スポーツの価値を問題にし、
> ⑥体育を通しての市民性や国民性の高揚が可能かと問題にし、
> ⑦人々のスポーツに対する態度の変化を推測したり、
> ⑧パーソナリティーや社会性の育成にこの教科がどう関連するか……等

る体育科教員養成のためのカリキュラムが確定されているかどうかは確認できなかった。ただ、教科やそのプログラムがあっても、各小学校や中学校での位置付きもばらついている。パロの小学校で、偶然みた協力隊の女性隊員が、ここでは、各学年に1週間に1回ずつ体育授業をやるのが精一杯……と、いう証言があったし、頷けるように思われた。

　二度目（2008）に訪問した時に、主としてジャッカル（ブータンの中央部）を中心に「いわゆる田舎」を見るつもりであった。車に揺られること3時間や4時間は問題外で、むろん休憩をはさむが9時間の運転もあった。

　実は、このジャカルで奇妙なる風景というか、よく理解のできない形の「体育授業」を公開してもらった。先の章でもふれたが、担当者は若い20代後半の先生で、この方は隣の高校の教員であった。地理学と英語を教えている先生で、勤務の高校では体育は教えていない。その高校には体育はなかった。そして、彼は、大学（サムチェ）では体育の勉強をしてきた……という。その彼が、中学校に出かけて来て、中学校2年生の「体力測定」の授業を2コマ連続で見せてくれた。もちろん説明もかけ声も励ましもすべて英語である。生徒達は何かあるごとに「Yes sir !」と応えながら、笑顔がいっぱいであった。この風景はみていてもほほえましく、この若い先生の体育についての底力のようなものを感じた。

　授業の内容は、「体力測定」であった。これは JICA-Bhutan が、教員を

集めて測定の依頼をしたもので、ストップウオッチ2ヶと、巻き尺50m2ヶを各出席者に渡したものであるらしい。如何せん体育授業をみることが難しいというか、やられていないというか……何ともいえないものを感じた。先の若い教師は、今のように各学校のなかで体育が軽視されていると、自分の勉強は何だったとという想いがあり、自分たちが「体育なんてこの程度のもの」と思ってしまいそうで……と、厳しい現実を訴えていた。

　この国では「教員免許」のような資格的なものはなく、学生が専門に学んだことが担当教科になるという背景があること……また、昨年度2008年まで3年制で行われた教員養成を、2009年から4年制にしたこと……また、3年制で教員を養成してきたのは、実は「教員不足」と「給料不足」を補うための処置であったといった内容を教えてくれた。一方、一昨年まで3年制であったことと合わせて、2008年から4年制になったと言うがこのこと自体は未確認である。教育大学に入るためには、先にもふれたように約8ヶ月間、教育実習のような形で学校に勤務することを求められていた。大学の教員はその勤務ぶりを一ヶ月に1度程度チェックして、適性ややる気を判定するということになっていた……この話しを聞いて驚いた。よく確認すると、実はこの8ヶ月の実習も教員不足への対応という意味があったという。そして、この臨時的措置は、2009年からは廃止されて、教員養成も4年制になったという事のレポートであった。

　もう1点、体育の実技内容と、生徒達の服装問題である。彼らの伝統的な服装の「ゴとギー」は、通常の日常的動きにはさして問題がないが、スポーツ的な激しい運動には適していないと思われる。先の中学校の授業では……そう言えば、皆、短パンとTシャツであった……これは多分学校サイドの配慮であったと思われる。そう言えば、服装に関してガイド氏が次のような話しをしてくれた。小さな子ども達は、青水洟をたらすもので、服装の袖口がテカテカになる……そこで、替え服など持たないので土曜日は、別の服での登校でよいことになっている。日曜日の間に、服を

洗って干して次の月曜日の間に合わせるのが習慣だと……そんな状況はありましたね……日本でも。

第3節　ブータンの国民性と教育

第1項　GNP・GDPに代わる価値観

　ブータンは、間違いなく経済や産業や技術的には途上国である。日本も含めて、多くの国々からブータンは経済援助を受けている。また、ブータンにおける唯一の日本政府機関はJICAのみで、大使館の機能はインドのニューデリー駐在日本大使館が兼務している。従って、日本的にみると、国別の扱いとしては極めて貧弱な関係といえるかも知れない。かって、ブータンが「鎖国状態」に近い状態にあったこと、また日本との関係の経緯からみても無理なからんものを感じてきた。

　さて、先にもこのブータンの人々の生活ぶりや表情に加えて動きぶりも落ち着いていることを報告した。調査から帰国して、何故かという問題に一つの重要な解答を得たような概念につきあたった。それはGNH（Gross National Happines）である。これまでの国や国民の豊かさは、GNP（Gross National Product）等の経済指標が一般的であった。けれども、この国の王（第4代目　ジグメ・センゲ・ワンチュック氏）は、彼がわずか21才の時のコロンボ会議にて、GNHの考え方を提起し紹介している。宮下によれば、この王は、"Gross National Happines is more important than Gross National Product"と発言したことから始まったとしている。加えて、この国の若き王は、多くの国民に慕われてきており、深く信頼されているという背景もある。それだけ影響力が大きいのではないかと思えるようになった。このあたりの事情は、ネパールと大きく異なっている。このGNHの概念は一般的には「国民総幸福量」と訳されている。これが、国民各層に浸透している可能性を感じるようになってきた。それは、世の中の「見方・感じ方・考え方」にかかわって、例えば欧米や日本、また東南アジアの一部のように、同じ経済主義的な「マインド・セット」を持て

ば、それらはいずれも同じような問題を抱え込んでしまう。それ故、経済や金融問題でも弱者を犠牲にすることで、同じような問題を解決する方向に行き着いてしまう。特に、昨今の欧米流の資本主義的な「マインド・セット」ならば、他人を蹴落としてでも物を売ろうとする、だから物が売れない・仕事がなくなる・生活が苦しい・労働者の扱いが企業のご都合主義になってしまう。結局、欧米と同じ性質の問題を、大きく抱えてこんでしまうに似ている。2008年～2009年にかけての、アメリカや日本の経済状況そのものを指している。（アメリカ発の世界的不況）

　けれども、この「マインド・セット」を変えることで、世の中の価値観や考え方で社会をみることも可能になる……とする。「マインド・セット」という表記は、造語の可能性もあるが、一考を要する問題でもある。より具体的には、「３Ｓ」で代表される概念でもある。即ち、「３Ｓ」とは「Slow, Small, Simple」の頭文字を示している。「ゆっくり」は、まさに時間的にゆっくりを意味しているし、何をそうバタバタと分秒を争い、コンピュータ的速度で判断し、歩く速度を……急ぐか……と、いう意味にとれる。また、スモールの「小さい」は、生活圏や仕事の範囲の日常の世界を意味しているように思われる。これらは、「小さい」が、「近しい生活エリアや人々をこそ大切にする」というような意味合いと理解している。もっと具体的にいえば、グローバルに対するスモールでもあって「家族や職場の人間関係を大切に……」という意味と捉えることが出来るだろう。また、「シンプル」は、単純に言って職務権限や経済力を背景にした複雑な人間関係・国境を超えてしまうような活動の拡大をさすのではなく、また、日本やアメリカのような情報戦争的な経済活動でなく、「単純な価値観」に導かれる近隣関係や家族関係のありようにつながる精神的基盤をもつべきとも理解できる。こうした考え方が、またチベット仏教の宗教的教えとも合致しやすい……ことと捉えた。

第XI章　ブータンの体育教育と教員養成システム

第2項　教育と宗教

「義務教育」という概念がないブータンであるが、教育費はすべて無償であり就学率も高い。また、この国はOECDには入っておらず、従って国際学力テストなどとは関係のない国であり、自国ペースの無理のない継続可能な教育のシステムがゆったり動いているといえる。子ども達は実に明るく、茶目っ気たっぷりでよく遊ぶし、ケンカも見かけたが基本的には仲良しで、気軽に外国人にも近寄ってくる。さらに、年上の子ども達は、よく年少の子ども達の世話をする。こうした風景は過去の日本でも珍しくなかった。貧しい頃の日本では見慣れた風景であったように感じている。（近藤佑一：戦後の山村―学校医のまなざし―、1998、日本経済評論社参照）。

首都ティンプーの人々は、何かあると時計台広場に集まる。筆者が滞在した1週間のうち、中高生の「音楽祭」があり、海外からは「ユニセフのボランティア団体の講演会」があったりする。このスペースは、日本における公民館や野外音楽堂を兼ねたような機能を果たしている。ここに、スピーカ等の機材を持ち込んだりセットしたり、片づけたりしているのは学校の教師達とその子ども達と思われ、実にスピーディーで手慣れている。それでも音が鳴らなかったり、大あわてで機械をいじる。その姿には誰もが……笑って眺めている。

通常の学校とは少し別で、先に紹介したドン（政治と宗教の中心）では、子ども達が、学校期を迎える前頃から宗教的意味をもった僧侶教育の機能がある。ここでは、普通の学校期にあわせた教育内容に加えて、出家して仏法を学ぶという教育が行われている。こうした子ども達の修行の場を直接みることは出来なかったが、ガイド氏は彼らが厳しい修行をしていると教えてくれた。宗教的教義との関係を考えてみればネパールと同様に、寺院では「マニ車」がある。これをまわす事で、経文1巻を読むに等しい功徳があるといわれた。この「マニ車」は、先に述べた時計台広場にも設置されている。宗教的営みの場が、沢山作られているのはブータンの国民が、信心深いことを意味していると思われるし、事実、泥棒や窃盗・殺人などの犯罪は少ないとガイド氏は誇らしげに教えてくれた。決して物資が

豊かで、賑やかな繁華街があるわけではない、ネオンもなく、自動販売機など一切ない。それでも、社会的な仕組みが何の問題もなく動いているとは言えないであろうが、全体として落ち着いた、ゆったりした生活ぶりは不思議にさえ思えるものであった。

第4節　まとめ

　ネパールとは異なって、ブータンはまだ三度しか訪れていない国である。こうした調査の経験のないところでは、どこに行けば、該当の情報が得られるかが分からない。むろん現地語も理解できない。英文の資料を求めながらの調査であったが、これまでの記述をもとに、ブータンの教育と体育教育をまとめてみれば以下のようにまとめられる。幸い日本人のスタッフがいる旅行会社社員の世話になった。また、そのスタッフは、どこまでもブータンを愛する広島県出身の女性であった。話もはずみ……多様な情報を与えてもらった。それらをまとめると次のように言えそうである。

（1）ブータンの教育制度は、シンプルで図ⅩⅠ-1のような構造をなしている。しかもその教育は国語（ズゥンカ語）や歴史の授業以外では、小学校段階から英語で行われている。彼らにとって英語は外国語ではなく自国語の1つという位置づけである。
（2）学校における保健体育科の創設は2000年に始まり、まだその創設のプロセスにあると理解できる。また、教員養成についても一部を走らせながら微調整の議論が続いていると思われる。けれどもこの制度がいつになればきちんと位置付くかは……残念ながら分からない。
（3）ブータンも明らかに途上国という位置づけは可能であるが、ネパールのような喧噪さ・混雑さはない。人々の生活は落ち着いていて表情も明るい。また、社会に関する考え方は、宗教的にも、またかな

りの部分で「GNH」の考え方（マインド・セット）が浸透している可能性を感じた。

　ただ、初回の調査は、首都ティンプーと飛行場のあるパロのみを観察した結果であった。また、そのティンプーの街も人口的には6万人程度の街である。その意味では、もう少し農村部も含めて広く観察する必要性があった。それ故に、二度目にブータンのほぼ地理的中心といえるジャッカルを訪ねた。そして、見たり、聞いたり、読んだりの調査で得た情報が、本当に真であるかどうかの不安を打ち消そうとした。そこで知り得たことの1つは、ガイド氏が語ったことでもあるが、この国はかなり「学歴社会」で、実利的にはいわゆる「公務員職」を求める傾向が強い。程度の差は分からないが、日本でもかなり見られる傾向である。不景気になれば公務員が……そんな傾向を感じながら、ブータンは常に公務員が目指される職種ということの様である。なぜならば大した産業も工場もない国であるから職業として落ち着きがあるのは公務員であるとする。結果的には、国の人々の大らかさの秘密をGNHによるものと言い切ることも難しいことかも知れない。なんともGNHだけでも説明仕切れない不思議な国であった。

文　献

・宮下　史明（2008）:「ブータン王国に学ぶもの―GNPからGNH―」、http://www.yomiuri.co.jp/adv/wol/opinion/international_081027（10月30日）
・辻　信一編著（2008）:「スローライフとGNH」、『もうひとつの＜豊かさ＞へ、10人の提案』所収、9-34、大月書店
・National Institute of Education Kingdom of Bhutan (2003-2008) : Primary Curriculum Studies Syllabus Handbook
・National Instute Education Paro, Bhutan (2006) : Education Through Sports & Physical Activity
・11月8日中国新聞（第41143号（2008）:『天風録』にてブータンとGNHを取り上げ紹介している。
・Royal Goverment of Buhtan: General Sttistics, 2007

・松岡重信（2008）:「ブータンにおける体育科教育と教員養成システム」、中国四国教育学会『教育学研究紀要』、54　CD-ROM版、680-685.2008

第XII章　終わりに

第1項　意識をどうつなぐ？

<世界との違い>

　日本の学校教育の諸問題や、学校体育・体育科教育を意識しながら、ネパール・ブータン・チベットの教育や体育科教育にも言及した。もとより大きく異なる風景があった。特にネパールでは教科書が届かない、教室に机がない……、電灯がない……、ないない尽くしの現実がある。それでも子ども達の表情は明るい。そしてすご～く仲がいい……そのように見える。学校に行けることを本当に喜んでいる、同級生や仲間と一生懸命に遊んでいる。

<日本の社会・学校問題の深刻さ>

　日本の教育システムや学校教育のシステムには、深刻な問題がある。とりわけ、「不登校や登校拒否」・「怠学や学びからの逃避」・若年層の「犯罪」と「凶暴化」等あげればキリがない。暴走族・そして、授業が成立していない風景も珍しくないとされる。授業だけではないが、また一方に授業に工夫の限りを尽くす教師もいる。諦めてしまっている教師もいる。

<子どもだけの問題か？>

　しかし、この若者層に起こっている反社会的ともいえる趨勢は何も生徒や若者特有の事ではない。親が、2才の子どもの頭をなぐって頭蓋骨陥没骨折をおこす、子が親をバットで殴り殺す……こんな「すさまじい事」が……日々に起こる国が日本である。街の真ん中での無差別大量殺人・「何

故という意識のみえない殺人事件」「俺オレオレっと……年老いた親に金を振り込ませる……」、遊び感覚でのこんな情けない詐欺……。こうした情けない犯罪は、少なくともブータンでは見られない。

＜日本人の道徳心＞
「お互いの協力を強調するのが教育」なのか、「今更に道徳心」をいいながら、それらが空しく響くのも日本と言うことか。しかもこうした風景は日本だけではないようで、不気味な感じさえするのが、東アジアの急激な発展地域に共通な現象ともいわれる。少し前には、ある週刊誌に「日本人の劣化」という記事があった。日本人は本当に劣化しつつあるのか。家族同士がからまる事件も多い。

＜日本人の宗教観＞
日本人は宗教をどのように観ているのだろうか。宗教といっても確かに色々である。

我々の記憶から消えてはいない「地下鉄サリン事件」や、それを計画的にやってしまった宗教団体……やたら……恐怖をあおり、値段のよくわからないび物品を売りつける宗教家や宗教システム。宗教的教祖は……神になっていくのか。戦後だけでも宗教団体は２万団体を越えているという。加えて、日本人の宗教感覚もやや怪しげな性格をもちつつある。特に若い年齢層では、クリスマスには……蝋燭を灯しケーキを食べる。正月になれば着飾って神社に初詣をする。死者が出れば……、お寺さんが読経をあげ、見送りの葬儀・戒名・黒ずくめの服装……、これらの慣習は古くからの普通の人々の振るまいであった。

死者をおくるその儀式は、「鳥葬は……、死して……天に昇る」であろうか、「焼いて河にながすは……母なるガンジスに旅する」であろうか。そして、日本の30年前には「土葬」が一般的であった。昨今は、「焼き場で……魂が煙となって天に昇る」であろうか。素人の勝手な理解であるが「死者」と「天界」をむすぶのが宗教であり、宗教家の役割であろうか。

第XII章　終わりに

第2項　あとがき

<時を刻みて>

　この原稿がほぼ書き終わった段階で11月30日、間もなく12月（師走）で……、無事でもなかったが、広島大学を定年で去ることになる。あと4ヶ月……カウント・ダウンをしながら、次の春をまっている。ここ西条の地は幾つかの特異的な文化がある。地方都市にしては珍しいほど酒にまつわる文化が多彩で多い。「酒祭り」もあれば「美酒鍋」もある。

　この地で20年間教員をやってきた。想い出多く……想い出深い人々との付き合いも頂いた。次は、もとの「福山分校」の想い出が深い地にて、過ごしたいとも考えている。「分校」という呼び名が差別的だという人もいるが、筆者にはそんな感じはない。学生時代（学部生・専攻科生・大学院）あわせて10年近くお世話になった。広島大学と私との関係は40年を上回ると思っている。その分校の跡地は「新しいバラ公園」と県立のプールになっている。

<この書のキーワードから>

　この書を書きたいと、まとめたいと思った構想段階からみれば、キーワードは、「社会システム」・「フラクター（自己相似性）」・「アトラクター（励起性）」・「ガラクタ性」ぐらいだろうか。これらから体育授業を観察し、記述しようともがいた。記述の精度が高まってこそ、予測研究がはじまる。確からしさの高い予測（仮説）が動きはじまる。この筆者の授業の記述や関係性の再確認の検証はできていないが、……らしきもの……の「足がかり」は出来たと思いたいが……。

＜著者紹介＞

松岡　重信（まつおか　しげのぶ）

履歴：
- 1946年　兵庫県　福崎町に生まれる
- 1970年　広島大学教育学部（福山分校）卒業、兵庫県大塩中学校（教諭）
- 1974年　広島大学大学院教科教育学科修了、同教育学部（福山分校）助手
- 1989年　医学博士（広島大学）
- 1996年　広島大学大学院教育学研究科　教授
- 2010年　広島大学大学院教育学研究科　退職

著書：
- 教職科学講座第23巻『体育教育学』（共著）福村出版
- 『情報系体育科教育研究の系譜』（共著）新体育社
- 『保健体育科・スポーツ教育重要用語300の基礎知識』（編著）明治図書
- 『新しい教育課程の創造』（共著）教育出版
   等9編

授業学

—社会システムとしてみる「体育授業」と「指導案」—

平成22年3月20日　発行

著　者　松岡　重信
発行所　株式会社　溪水社
　　　　広島市中区小町1-4（〒730-0041）
　　　　電話（082)246-7909／FAX（082)246-7876
　　　　E-mail: info@keisui.co.jp

ISBN978-4-86327-090-9 C0037